慈雲尊者

―現代語訳と注解―

小金丸泰仙

大法輪閣

【慈雲尊者墨跡】

120 × 28.3

「知足者常富」

（本書一六三〜一六六頁参照）

はじめに——十善の概要と『人となる道』について

江戸時代の中期に出られた慈雲尊者（一七一八～一八〇四）は、常々釈尊の仏法を慕い続けた清僧でした。とはいえ、釈尊からはすでに二千年以上の時が流れており、伝播の間には教義の展開と分派を繰り返し、わが国においてもさまざまな宗派が成立していました。慈雲尊者の時代と現代とはわずかに二百年ほどしか離れておらず、時代が変化したとはいえ宗教としてのさまざまな課題には大きな差異はありません。それで、現代の私たちにとっては尊者の教えは大きな指針となるわけです。

釈尊の時代とわが国の現代の環境は大きく異なりますが、仏教徒の日常生活を基礎づけるのは戒律であることには変わりがありません。戒律は宗教者の生活はもちろんのこと、人としての生き方そのものに直結します。しかしかつて釈尊は、戒律によって弟子たちを育成しようとしたのではなく、ただ真実のままに生きる人とはどのような人であるのかを弟子たちに語ったのでした。

さて、後世に人間のあるべきすがたとして十か条にまとめあげられた徳目が十善（戒）です。尊者は十善を人が人になるための道であると語ります。私たちは姿形だけは人間として生まれてきますが、教育によらなければ人間として成長することはありません。犬や猿に育てられた人間がどのような結果になったかは幾ばくかの実例で知られている通りです。尊者は次のように示します。

「人となる道とは、むかしより人間にして人間の分斉をうしなう者おおし。大聖世尊この世に出現したまいて、この人をして人たらしむ。これを人となる道と名づく。およそ仏法は主として生死出離の深義を説けども、初門はこの人となる道なり」（『人となる道随行記』）

この言葉は本書『人となる道』成立の趣意でもあります。また本書は、慈雲尊者の主著である『十善法語』の略本という体裁をとっていますが、『十善法語』から『人となる道』へと改題されていることは、尊者の十善への意向が強調されているといえましょう。そしてここで「仏法は主として生死出離の深義を説」（本来の仏法は煩悩から離れて輪廻から解き放たれるための教えである）くものであることを決して看過してはならないのです。なぜならば、「この世界あるところ、衆生あるところに、善悪業相随逐して、ここに生じかしこに死し、ここに起こりかしこに滅して、その終りをしらず。その始めをしらず。これを生死流転という。この流転の中に戒法なければ一切の富貴威勢、智慧徳相も、風前の灯のごとく、水上の泡のごとく、暫時に壊滅して暫くもとどまらぬなり」（『人となる道』第二編）

と、生死流転から出離するためには、戒が必須の条件であることが述べられています。この戒によって人は本来の人となり、そのところではすでに、「人は人となるべし。この人となり得て、神ともなり仏ともなる」（『慈雲尊者短編法語』）

とあり、人と神仏とは本来一体のものであることが語られます。ただし、この人とは十善の人であり、つまり、真実の人であり、仏性のあるがままに生きる人を意味しています。

さて、慈雲尊者自身が先師より受けついだ十善について、

「この十善は慈雲が説にあらず。諸仏賢聖（げんじょう）よりの相承（そうじょう）を述ぶるのみ。輪王（りんおう）の位を立つるところ、法性（ほっしょう）の等流（とうる）せるところ、諸仏の口々（くく）喃々（なんなん）に説くところ、賢聖の伝持するところ、近くは人の人となる道なり」（『不殺生戒記』）

と語っています。要するに、十善説は釈尊より代々伝えられてきた戒なのです（『人となる道随行記』にも「この道、仏世より伝承して今日に至る」とあり）。

そこで十善戒について初めて学ばれる読者の方のためにも、経典の中で最も古いとされる『スッタニパータ』より、十善に相当する釈尊の言葉をあげて、

十善が釈尊の直伝であることを証明するためにも、十善の大要を示すことにいたします。（　）中は仏教における一般的な十善戒の解釈。

一、不殺生（生きとし生けるものの命を奪わない）

・生きものを（みずから）殺してはならぬ。また（他人をして）殺さしめてはならぬ。また他の人々が殺害するのを容認してはならぬ。世の中の強剛な者どもでも、また怯えている者どもでも、すべての生きものに対する暴力を抑えて――。（三九四）

二、不偸盗（他の持物を自分の物としない）

・与えられていないものは、何ものであっても、またどこにあっても、知ってこれを取ることを避けよ。また（他人をして）取らせることなく、（他人が）取り去るのを認めるな。（三九五）

三、不邪婬（男女のまもるべき道を乱さない）

・あるいは暴力を用い、あるいは相愛して、親族または友人の妻と交わる人、——かれを賤しい人であると知れ。（一二三）

四、不妄語（嘘を言わない）

・会堂にいても、団体のうちにいても、何ぴとも他人に向って偽りを言ってはならぬ。また他人をして偽りを言わせてもならぬ。また他人が偽りを語るのを容認してはならぬ。すべて虚偽を語ることを避けよ。（三九七）

五、不綺語（無駄な、軽々しいことを言わない）

・笑い、だじゃれ、悲泣、嫌悪、いつわり、詐欺、貪欲、高慢、激昂、粗暴なことば、汚濁、耽溺をすてて、驕りを除去し、しっかりとした態度で行え。

（三二八）

六、不悪口（荒々しい言葉を使わない）

・諸々の出家修行者や、いろいろ言い立てる世俗人に辱められ、その（不快な）ことばを多く聞いても、あらあらしい言葉を以て答えてはならない。立派な人々は敵対的な返答をしないからである。（九三二）

七、不両舌（二枚舌で両人・両家・両国などの親好を破らない）

・修行者は高慢であってはならない。また（自分の利益を得るために）遠回しに策したことばを語ってはならない。傲慢であってはならない。不和をもたらす言辞を語ってはならない。（九三〇）

八、不貪欲（衣食・名利に執着しない）

・（真の）バラモンは、（煩悩の）範囲をのり超えている。かれが何ものかを知りあるいは見ても、執着することがない。かれは欲を貪ることなく、また離欲を貪ることもない。かれは〈この世ではこれが最上のものである〉と固執することもない。（七九五）

九、不瞋恚（ふしんに）（怒らない、また怒りを表わさない）

・村にあっては、罵（ののし）られても、敬礼されても、平然とした態度で臨（のぞ）め。（罵られても）こころに怒らないように注意し、（敬礼されても）冷静に、高ぶらずにふるまえ。（七〇二）

十、不邪見（ふじゃけん）（道理のままに正しく世界をみる）

・真理を楽しみ、真理を喜び、真理に安住し、真理の定めを知り、真理をそこなうことばを口にするな。みごとに説かれた真実にもとづいて暮せ。（三二七）

以上が十善戒の内容ですが、尊者は本書においては十善戒という言葉を一切用いず、ただ十善とのみ記しています。もちろん十善とは十善戒のことをさしてはいるのですが、尊者は本来、十善のはたらきは仏法をも超えて、この世界の真実を現わすものである、という境涯が根底にあり、それが尊者の表現では、

「法性より等流し来りて、万国古今を救度す。たとい夷狄にゆくも、違うべからざるの道なり。万々世の後もまもるべきの法なり」（本書九四頁）

また、

「十善は、世をおさめ民を救う」（本書二〇二頁）

となっています。十善は道徳や倫理的な面からみることも可能であり、むしろ儒教や東西の思想、倫理の根源が十善であると考えられるのです。しかも尊者の晩年の境涯は、

「元来戒法は、虚空の如きものじゃ。われ戒法をたもつと思う念あるようなこ

とでは、金剛の戒波羅蜜ではないじゃ。無念無相にして戒と相応せねば金剛の戒ではない。そうでないと戒に繫縛せられたようなものじゃ……虚空と相応したら、自然に戒は具わるものじゃ」(『金剛般若経講解(こうげ)』)

ともあるように、そこには十善ということすら仮に名づけられたものであり、尊者の晩年の境涯は、十善をも超えた真実の世界に到達されたであろうと思われます。『スッタニパータ』(一〇八二)に、同様の釈尊の言葉をみることができます。

「この世において見解や伝承の学問や想定や戒律や誓いをすっかり捨て、また種々のしかたをもすっかり捨てて、妄執をよく究め明して、心に汚れのない人々――かれらは実に『煩悩の激流を乗り超えた人々である』と、わたしは説くのである」

このような説からすれば、十善は仏教徒がまもるべき十か条の戒である、という認識のみでは十善の深奥を了知したとはいえないでしょう。これについては『十善法語』で説かれているあらゆる立場における十善説を参照すべきであります。

この境涯はさらに深まり『人となる道』より十年後の尊者七十代の半ば頃に至ってまとめられた『人となる道略語』へと深化していきます。『人となる道』より短くまとめられてはいますが、神道の意をもって十善が説かれ、神儒仏融合の書としてわが国独自の解釈へと発展していくことになります。これが尊者の十善説の流れなのです。

一、原本の旧字体を新字体に直し、仮名遣いも現代仮名遣いとした。また、漢字を仮名に、仮名を漢字に変更したところがある。さらに文意によって句読点を補った。なお、「後記」（本書二一七頁）は漢文を書き下しにした。

一、【注】の中『人道』は『人となる道』、『十法』は『十善法語』、『人道随』は『人となる道随行記』の略とした。

＊ 注 記

差別語と業報について

本書『人となる道』の法語中には、「めしい（盲）」・「聾（つんぼ）」という今日では不適切と思われる差別的な表現や用語が含まれています（本書一三三頁）。しかしながら、ここで慈雲尊者はそのような言葉を使うことは他者を罵る（ののしる）ことであり、不悪口戒を犯すことになると戒め（いましめ）ておられるのです。つまり、差別的な言葉を用いてはならないという意図で使われた用語でありますから、原文のままとしました。そしてこのことは、慈雲尊者が人々に対して差別感情がなかったことを裏付けるものです。

次に、尊者の説かれる仏法には釈尊とおなじく、業、縁起、因果の説が根底にありますので、現在の結果は過去の業によるものであるという趣旨の表現が散見されます。しかし本来、仏教は宿命論を唱えてはいません。因果や業の説明として、自分が過去に行った結果は必ず報いとして現在に出現することを説きます（善因善果・悪因悪果）が、現在の自分は自由に、自主的に将来に向けて道を選択できるはずです。

その上、業についての尊者の見解を示せば、

「他の不善は、われ憐れむ。己が苦悩は自ら業報を察す」（『戒学要語』）

とあります。現世で現われている他者の心身の業報について、差別的に言及すべきでなく、むしろ自己の業を顧みよ、と諭しておられるのです。

さて、仏法は一切の存在するもの（法）は本性として平等であると説きます。しかしながら、私たちには一切を平等にみることは極めて困難なことです。それは、目で見ても頭で考えても事物個々の差異を自覚するからです。それが区別（差異）と差別、差別と平等の真相から遠ざかっている根本的な原因です。尊者は次のように語ります。

「平等ということを、山を崩し、谷を塡みて一様にすることのように思うは、愚痴の至りじゃ。窮屈過ぎたことじゃ。」（『十善法語』・不偸盗戒）

つまりAとBの特質も考慮せず、画一的であることを平等とする勘違いをしてはならないというのです。「窮屈過ぎたこと」とは、柔軟性がないために偏った見方になっていることです。また、

「差別のない平等は、平等病に取りつかれたものどもじゃ。差別のある場所に向って平等なるじゃ。」（『金剛般若経講解』）　※この場合の差別とは区別の意。

とあるように、仏法は差別の相、そのあるがままで平等であると説くのです。仏法は常に真の平等とは何かを説いてきました。その理を述べることや、他の経典の中から所説をあげることができますが、紙幅の都合上別稿とし、ここでは尊者の見解のみにとどめておきます。

以上、尊者の一切平等の立場を念頭に置きつつ本書をお読みいただけましたら幸いです。

『人となる道』全文

人となる道。この人と共にいうべし。この道を全くして天命にも達すべく、仏道にも入るべきなり。十善あり。世間出世間におし通じて大明灯となる。

十善とは、身三・口四・意三なり。不殺生・不偸盗・不邪婬、これを身の三善業という。不妄語・不綺語・不悪口・不両舌、これを口の四善業という。不貪欲・不瞋恚・不邪見、これを意の三善業という。

この中、伝戒相承の義あり。上品の護持は天上および輪王の徳なり。中品の護持は万国諸王の位なり。下品の護持は人中豪貴の果報なり。もしは分受、もしは護持闕失あるは、小臣民庶の等級なり。小人の富栄長寿なる、王公の短命なる、あるいは多病なる、あるいは貧にくるしむ等、みな準じ知るべし。

余経の中に、殺生の一戒をたもてば四天王処に生ず。殺・盗の二戒をたもてば三十三天に生ずる等の文あれども、今家は如上の義を伝うるなり。

世善相応の中も、この徳むなしからず。もし真正にこの道による者は、諸仏菩薩も自己心中より現じ、一切法門も、その身にそなわるなり。もしこれに背けば十悪業を成じて、人たる道をうしなう。『梵網経』の中、慇懃丁寧に呵したまうところなり。

第一　不殺生

世界幾許かある。虚空界のあるところ、これ世界海なり。衆生幾許かある。世界海のあるところ、必ず衆生ありて充満す。この世界海・衆生海ことごとく業相縁起の儀にして、我他彼此、苦楽昇沈のあるところなり。

この一大縁起の中、肉眼所見の分斉に、この人となる道とこしなえにあらわれ存するなり。この道の中、人趣尊尚にして禽獣卑賤なり。

経・律の文に、人を殺すを大殺生といい、禽獣を殺すを小殺生という。大殺生の中、軽重あり。恩ある人はその罪さらに重し。父母等を打罵し、もし殺害に至れば逆罪を成ず。庸流には棄罪を得。罪悪の者は、あるいは蟻子よりもかろし。

小殺生の中、また軽重あり。能変形の者は罪重し。不能変形の者は軽し。能変形とは、小伎倆ありて人の姿とも化し得べき者なり。不能変形とは、極底下愚昧にして化することもなき類なり。

この軽重の罪、おのおの方便・根本の差別あり。方便とは前修に名づく。助成の義なり。工人その事を善くせんとして、先ずその器を利す。千里の行ある者、三月糧をつつむというの類なり。根本とは究竟に名づく。成遂の義なり。山に登る者すでにその巓をきわめ、海を渡る者彼岸に至る類なり。

この中、もし殺具をもうけ、毒薬を調し、打ち傷つけ、そこない破るを、方便罪という。命の尽きるにいたるを根本罪と名づく。

これみな犯相なり。さらに持相をしるべし。初めに人趣の尊きを信じ、如上の悪業を遠離するを不殺人と名づく。次に、この仁慈を拡め充し、禽獣虫魚に及ぼすを、不殺生戒と名づく。終りに賢聖の地位に至りて、草木国土までに及ぶなり。もし死すべき者の命を救う、その功徳は多し。

仏在世に目連尊者の弟子沙弥あり。この人短命の相なりしが、あるとき道路の中、衆多蟻子の水に溺るるを見て、その命を救う。これによりて夭折の相を転じ長寿を得しという類なり。

よくこの戒をまもる者は、一切人民、一切世界、見るところとして慈悲心ならざるなく、聞くところとして慈悲心ならざるなく、衆生無辺なれば戒もまた無辺なり。虚空無辺なれば戒もまた無辺なり。

この徳、近くは人天の中に無病長寿の報を得、遠くは無漏道に達して金剛不壊の身を得べし。寿命無量の仏、その名を聞くも、その名を唱うるも、億劫生死の重罪を除くといえり。

第二　不偸盗

法性の縁起せる。世界浄穢わかれ、業相の等流する。衆生ここに死し、かしこに生ず。この衆生の人中にありて自他相対する。君臣上下あり。苦楽貧富あり。山海おのおの界限ありて、封疆みだれず。財利おのおの分斉ありて、彼此混ずることなし。親子至りてしたしけれども、父病あるとき、その子代ることあたわず。子の痛みを父母わかち忍ぶことあたわず。耳目相ならべども、視ると聴と代りもちうべからず。縁起、法としてかくの如し。業相、法としてかくの如し。

この業相のなか、他の財物を侵し奪いて自己の利となすを盗というなり。たとい自己に利なきも、もしは焼き、もしは埋みて、他の財物資具を損壊する。みな破戒なり。

この戒また方便・根本の差別あり。はじめ盗心をおこすより、あるいは言にあらわし、あるいは身手を動ずる種々作業は方便罪を成ず。他の財物、もしは自己に属し、もしは損壊すれば根本罪を結するなり。已下の諸戒みな準じしるべし。

この戒その相ひろし。借りて返さぬ。問わずしてみだりに用いる。損じて償わぬ。専らに用いて他の用を妨ぐ。同じく労して我ひとり賞にあたる。簿籍をたがえ記して私をまじうる。下を虐して上にへつらう。上を侵して下にまじわる。彼を減じて此れを増し、ここに奪いて彼にあたうる等なり。

また、財物のみならず、詩文章家の他の佳句を盗む。農夫の田際を侵す。あるいは溝渠に穴を穿ちて他の水を盗む等なり。有司の賄賂に耽りて理非をまげ判ずるは、その中の大なるなり。傭夫の一日の雇を受けて、その事に怠るは一日の盗なり。子として孝(こう)ならぬは終身(しゅうしん)の盗なり。臣(しん)として忠(ちゅう)ならぬは満家(まんか)の盗なり。

よくこの戒に住する者は、仏物互用(ぶつもつごゆう)せず、法物(ほうもつ)互用せず、これを私(わたくし)に用いず。市廛(してん)の利、商賈(しょうこ)の産業(さんごう)を全(まった)くせしめ、田作(でんさく)の利、農人の楽(たのしみ)を失わざらしむ。君(きみ)は常に君たり。これを万世(ばんせ)に伝えて恩恵(おんけい)をほどこす。臣(しん)はとこしなえに臣たり。これを遠裔(えんえい)に守りて忠義(ちゅうぎ)を全くす。下(しも)は上(かみ)の威名(いめい)をうらやまず。上は下の利をかたよらざらしむ。他の才をかくさず。人の徳をおおわず。鳥獣(ちょうじゅう)の巣(す)をやぶらず。亀魚(きぎょ)の水を涸(から)さず。時ならねば花を折らず。熟せねば菓(このみ)をとらず。名(めい)と器(き)とは家に守り、財と穀とこれを国にもちう。その徳、有情(うじょう)・非情(ひじょう)におしわたりて、近くは人天(にんでん)の中に富饒(ふにょう)の報(むくい)を得(え)、遠くは万徳荘厳(まんとくしょうごん)の仏身土(ぶっしんど)を得べし。この福徳門、一切群生(ぐんしょう)を摂取(せっしゅ)して捨(しゃ)せず。

第三　不邪婬

仏身を知らんと欲せば、衆生業相の中にみよ。解脱法を知らんと欲せば、この生死海の中に求めよ。

生死海の中、この天地あり。天地あればその儀あり。なしというべからず。この陰陽あり。陰陽あればその徳あり。なしというべからず。この男女あり。男女あればその情欲あり。なしというべからず。この人情ある者、道を伝うるの器なり。漸次に道を全くせば、賢聖の地位にも入るべし。無漏道にも達すべし。

一切男子みな妻あるべし。一切女人ことごとく夫あるべし。この夫妻あれば夫妻の道あり。これをこの戒の相とす。この夫妻ありて父子あり。父子ありて兄弟あり。親族姓氏あり。これを人倫とす。天帝釈の命を下す、輪王の諸王に教うる、この人倫の道なり。

もし世外に超過して仏種を紹隆する者は、この等類ならず。別に童真清浄の行あり。賢聖沙門の安住する、那含諸天の快楽する、この清浄行なり。

人たる道の中に、男子は剛正を本とす。制を人にほどこす、妻あり妾あるも妨げなし。女子は柔順をまもる。制を他にうく。両夫に見ゆるは道にそむくなり。その条目のごときは、他国は人の国の礼あり。わが邦はわが邦の礼あり。その国に居てその礼をまもるは、道のあるところなり。もしわが邦に居て他土の礼を誘う者は、愚の甚だしきなり。

仏戒は、この等類ならず。法性より等流し来りて、万国古今を救度す。たとい夷狄にゆくも、たがうべからざるの道なり。万々世の後も、まもるべきの法なり。

男女の会遇、宿縁定まり来りて、現縁成就するは人倫の常なり。もし父母親族のゆるさぬ、もし他家に属せる等には、互いに心を寄すまじきなり。もし六親の中に不浄行をなすは禽獣の行なり。悪業障を成ず。経・律の文に、この乱行の者は、五戒等の善律儀を受くるに堪えずと説けり。如上の非法ならず、その定まりたる夫妻の中にも、非支・非時・非処・非度、みな邪婬の相なり。具には経・律・論等の文をたづねて、その趣を知るべし。

よくこの戒をまもる者は、礼度うちに定りて徳沢ほかに溢る。人の知らざる処、神祇の守護あり、天の明命を受く。妻妾妬忌なく、家に継嗣断ぜず、孝子順孫の風ながく伝わり、親族和し長幼序あり。これを国に用うれば国政乱れず、天下も平なり。乃至欲にありて清浄なるは、観音菩薩の三摩地門なり。

第四　不妄語

道の口門にある、その趣ふかし。声韻、法爾にしてその始終をいうべからず。文字、無尽にしてその涯際を得がたし。

この人界の耳根明了なる、言音を以て法を伝え、文辞を以て道を貫くといえり。

現今に明歴々たるもの、天地神祇、山川草木、ことごとく誠のあらわれし姿なり。この身詐偽なく、この心詐偽なし。これを真実語という。古に、六大みな響あり、というは、この真実語の徳なり。ただ、業障ふかき者、妄想に掩われ、自己の私に役使せられ、わづか両三人をあざむかんとして、天地神祇の冥助をうしない、自性の功徳をも損減する。これを妄語というなり。

この中、大妄語あり小妄語あり。徳義をいつわるを大妄語と名づく。実ならずして「われ禅定を得たり、解脱を得たり」、「天来り龍来り鬼神来りて我を供養す」という類なり。世の常のいつわりを小妄語と名づく。見しことを見ずといい、見ざりしことを見しといい、恥ずべき罪悪を覆蔵し、怨をかくしてその人を友とする類なり。もしこれによりて他の命を害すれば殺生の罪をかぬ。自己の利をまねけば偸盗をかぬる等、準じ知るべし。

元来三業異途なし。身あるいは口業をつくり、あるいは意業をつくる。心あるいは口業をつくり、あるいは身業をつくる。この戒、口門のみならず。身の妄語あり、心の妄語あり。

身の妄語とは、位低き者の高貴の儀をなす。内恥づる事あるに、強いて平常の顔をつくる類なり。心の妄語とは、みづからかくあるべしと思い定めしことを、後、みだりに改むる類なり。仏神に誓いしことは、さらに慎み守るべきなり。これも非を知りて改むる、あるいは劣を捨てて勝に順ずるは違犯ならず。仏神の感応もむなしかるまじきなり。

よくこの戒をまもる者は、言語この徳あることを知る。この罪あることを知る。思うこと言うべく、言うこと行うべく、二六時中、自ら欺かず、他を欺かず、また他の欺きを受けず。

人主はこの徳を全くして恩を海内にほどこす。もし世天・神仙は呪術を造作して、よく人民の厄を救い、その希願を満ず。もし賢聖・菩薩は旋陀羅尼を成就して、字義・句義を具足す。「この真実語、不思議なり。観誦すれば無明を除く」といえり。乃至法に自在を得て三界の大導師となる。

第五　不綺語

道は古今泯ぜず。理はことにふれて壅塞なし。故に有道の士は、二六時中その楽しみありて、到るところに随逐す。古に、「南風の薫れる我が民の慍をとくべし」というは、在位の儀なり。「肱を曲げて枕とするも楽しみあり」というは、布衣の志なり。樹下に結跏し月下に経行し、禅定・智慧相応するは出世道の趣なり。ただ凡庸の徒、この楽しみを外にし、別に戯謔をこのむ。世にいわゆる、かるぐち、さるがうこと、非時の言論、鄙媟の文辞、みなこの戒の制なり。

諸戒尊尚なる中に、この法もっともいちじるし。ただ大人のみその徳を全くすべし。この戒また身・口にわたる。故に律中に身口綺戒と名づく。近世の誹諧・発句・狂詩・情詩の類、みな綺語に摂すべし。男子なる者、女人の装をなす。女人なる者、男子の儀をなす。この国にありて外夷の風を習う。出家人にして在家の威儀をまねぶ。みな身綺に摂すべし。非類の衣服、非儀の形相、みなすまじきなり。うたい物の類、国の礼式に用い来れるは、綺語と名づくべきにあらず。一切戯弄にわたるうたいものには心を寄すべからず。

近世軽躁なる者、衆をいざなう思いありて、道を戯論に寓する多し。この輩みな法の賊なり。およそ民の憂いは、淳厚を失いて薄情に走るにあり。ただこの道のみありてその邪曲をふせぐべし。もし道を戯論にまじうれば、この道も利口となる。「利口の邦家をくつがえすは君子にくむ」といえり。経中に、「乳もし毒を雑すれば、醍醐に至りても人を害す」と説けり。

楽器は金石糸竹等みな心を寄するに咎なし。「風をうつし俗を易るは楽より善きはなし」といえり。また「楽を作りて天に応ず」ともいえり。その中、「大楽は必ず易なり。大礼は必ず簡なり」。操もし煩細なれば淫声に近し。近世の三絃・胡弓等、大人の弄ぶべきならず。

詩歌は、その妙処に至りては道のたすけともなるべし。古より「天地を動かし鬼神をも感ぜしむ」といえり。風雲に想いを寄せて高逸の気象をうつし出し、花鳥に情を寓して道の幽遠を述ぶる等なり。この中にも、ことば華麗を好み、情偽飾にわたるは綺語に摂すべし。

その要は、人々慎み守りて淳厚の徳を失わざるにあり。世にいわゆる伶利俊邁、博学文才、諸の風雅の類、みな末が末なり。よくこの戒をまもる者は、世に処して他のあなどり少なし。日夜に人知らぬ楽あり。山中に住めば山岳の興あり。海辺に居れば滄海の趣を知る。古人も、「仁者山を好む、智者水を楽しむ」といえり。菩薩の境界に至りては、徳雲比丘、妙峰の別峰に等虚空界の仏身を見、海雲比丘、海門国の渡頭に普眼契経を聞くなり。

第六　不悪口

この戒は謹慎の徳、柔順の功なり。盲人をめしいと罵り、おろかなる者を愚人と罵る類、この戒の制なり。

物を見たがえしを盲と罵り、声を聞きたがえしを聾と罵る類を増上の犯とす。もし人を畜生に比し、智ある者、徳ある者を罵詈するは、さらに恐るべきなり。経論の中に、「口より斧を出し、その身を破り、その国を亡ぼす」と説けり。

よくこの戒をまもる者は、顔色つねに和す。音声つねに和す。小児をもあなどらず、畜生をも詈らず、言辞上分を取らず、威儀麁獷ならず。たまたま苦・言呵責あるは、その人を憐愍するの深きなり。

よく他の諫言を入る。童謡をもその趣を察す。柔よく剛を制することを知る。亢龍の悔あることを知る。事は先人を称す。この中、祖宗の徳を我が身に伝えて、これを児孫に遺す。功は他人に帰す。この中、衆美を具足して天命ながく存す。まもりて常にまもれば終身災害なし。

この戒善、生々のところに随逐して、戦闘乱亡の憂いなし。口過ながく絶して言辞雄亮なり。乃至梵音清暢、一切諸機に透るの徳を成就すべし。

第七　不両舌

友愛親好の心、彼此和合の儀をこの戒の趣とす。およそ事々物々、みな相応する辺に成立し、違反する辺に壊滅す。水よく舟を浮かべ、また舟をくつがえす。薬よく病を療し、また身命を害す。万般ことごとくしかなり。これをこの戒持犯の儀とす。

他の言葉を、彼に伝えここに伝えて、その親好を破する。これを両舌という。

諸悪の中に、この悪もっともいやし。小人・鄙女に多きことなり。よくこの戒をまもる者は、天地の儀をも知り、治乱の数をも弁え、陰陽の趣、万物の情にも達すべし。君臣へだてなきこと一体のごとく、四海相したしむこと一家のごとし。

遠くは真正の道に達して、凡聖二ならず、迷悟へだてなし。一切世間の治生産業、ことごとく取り用いて、わが実相智印となす。一切天魔外道みな摂し来りて大眷属内眷属となす。華厳の中に依正たがいに摂し、法華の中に、本跡融会す。その経名を受持するも、福不可量なりといえり。

第八　不貪欲

法至りてあきらかなり。ただみずから掩わるる者みずからくらますのみ。天覆うて厭わず。地載せて功とせず。その貪欲・瞋恚あるは、ただ人の私なるのみ。邪智妄想あるは、その私の長ぜるのみ。日、常に照らしてみずからその恩を知らず。水、常に潤してみずから徳とせず。世に煩惑うすき者あらば、道の尊尚なることを知るべし。

賢聖平常の心業、これを名づけて戒とす。人の道として善をこのみ悪をにくむ。その悪をにくむも、甚だしきは乱の端なり。これより下なる者は、事ごとに美悪をえらぶ。大にして山川聚落、小にして器物翫具。その択びたくみなる者は、貧窮の兆なり。人の容貌、人の才芸、みな過ぎて択ぶは災の根なり。ただ大人ありて、その居るところに安んじ、そのそなわれる分を楽しむ。才によりて任じ、時に随いて穏顕す。これをこの戒の儀とす。

現今目前の森羅万象、みな過去世につくりなせし業相の影なり。面目同じくそなわれども智愚の別ある。修養ひとしけれども寿夭の異なる。形の好と醜と、資財の足ると不足と、同じ世とも思われぬあり。あるいは言行まもりある者その身凍餓し、賢をねたみ能を害する者一生富栄なるあり。大抵は業印印じ来りて寸毫をたがえざるなり。

この中、影を逐うの謬りたることを知れば、その道わが身心の中にそなわる。影を捉うるの迷いたることを知れば、世外に出頭して自由の分あるなり。

世に一類底下の者あり。富栄をうらやみ貧賤を憂え、これによりて身心を労し、または資財を衰損す。あるいは身の楽をほしいままにし、心の欲を逞しくし、みずから災害を招き、または寿命を減少す。あるいは湿にふし風を侵し、みずから疾を発して諂いを鬼神になす。あるいは孝養つとめず、忠義はげまずして、福縁を仏菩薩に請す。あるいは非分に官職を求め、寿命を祈り、眷属を祈り、財利を求め、日夜つねに忩々として終に朽敗に帰す。経中に、これを憐れむべき衆生と名づくるなり。

この中あやまり解して、神祇功なく求請験なしということなかれ。その私なき者は、かならず神明の冥助を受く。また君父のために祈り、国家のために求請する等、そのことわりあるべきなり。また、この業なるものも、その昔の業の影にして元来実体なければ、大善根を積みて悪業を転ずるも、そのことわりなしというべからず。

古に、「誠ある者は久し、久しければ徴あり」といえり。また、現在に悪業を重ぬれば、必ず過去世の善根を滅す。これも理の常なり。善を積みて神明の加護を請い、罪悪を懺悔して仏菩薩に帰投する。たとえば渡りに船を得るが如く、また蓮華の日光を受けて開敷するが如しと知るべきなり。

よくこの戒をまもる者は、十分の名に居らず。もし名称その実に過ぐれば、徳をかくして拙をあらわす。十分の安きに居らず。もし栄曜満足すれば、倹を守りてみずから裁抑す。その家に生まれて家の分を守り、その国にありて国の限を知る。この分にしてこの分足る。今日にして今日足る。この「足ることを知る者は、常に富む」といえり。たとい貧賤憂慼の中にも、今世の楽を求めず、後世の栄を願わず、なすことただ善事なり。なして止まざれば、この身善法となる。是非得失の中にも、天をもうらみず人をもとがめず、思うことただ正法なり。思いてさらに思えば。この心、正念相応す。回顧して世界を見る。一切世界ことごとく幻の如く、空谷の響きの如く、旋火輪の如し。乃至諸仏の清浄身を得、一切時一切処、諸の衆生に応同して、起・滅・辺際不可得なり。

第九　不瞋恚

『華厳経』等に、「一念瞋恚の火、無量劫の功徳・法財を焼き亡ぼす」と説けり。世の惑深き者は、一朝の怒りにその身を忘れて、その親に及ぼすあり。失心狂乱し、性命をも損ずるあり。この類みなこの戒増上の違犯なり。三界夢裡の境、その業相の似よりたる者、同じ世に出て、同じき国土に生ず、

「四海みな兄弟なり」というも、虚言にあらず。

縁ありて会遇す。縁去りて離散す。順縁に相親しみ、違縁に相そむく。世相かくの如し。今新に出来るにあらず。あるいはわれ恩恵を施すに、他かえって損害をはかる。ここに仁慈をおもうに、かれ怨讐をふくむ類、ことごとく業力転変の相なり。我が心を煩わすに足らず。もし忿れば我が罪となる。ややもすれば累劫の障碍なり。聖教の中に、「われ怨み止まざれば彼の怨尽くることなく、われ慈しみ深ければ、彼の怨拠り所なし」といえり。

古人、「怨に報ゆるに徳を以てす」というは、天の道なり。この道の中、蘭蕙も荊棘も等しく長育して隔てなく、麟鳳も豺狼も共に容れて害せぬなり。

「直を以て怨に報い、徳を以て徳に報ゆ」というは人の道なり。

この道の中、聖賢を尊重し、讒佞を遠ざけ、荊棘を刈り去りて嘉苗を種殖するなり。この天道あるところは人望ここに帰す。この人道全きところは天命ここに応ず。一無価の宝珠を縦ざまに看、横ざまに視るが如し。智人は時に随い用いて、左右その源に逢うなり。

よくこの戒をまもる者は、世縁を摂取して勝義諦をあらわす。その利・衰・毀・誉まじわり来るも、ただ縁の向背を見る。莞爾として世間に居す。富貴なるも可なり。貧賤なるもまた可なり。生々のところ、内心憂慼なく、内にその徳あれば、外相もこれにしたがう。容貌端麗なりといえり。乃至三十二相、八十随好、十身相海の身を得べし。

第十　不邪見

日夜代謝すれども、春は花咲き秋実る式は万古たがわず。念々滅し去りて蹤跡をとどめねども、一類相続して業相任持することは、実に三世にわたるなり。近くはこの一期の中にも、老いてまどいなきは、少壮勤学の功による。臨末にも心乱れざるは、平生修善の力なり。智者一隅を以て三隅を例せば、甚深縁起にも、その浄信を生ずべし。

この戒の違犯は、世智弁聡の者、おのが伎倆により、肉眼の見るところにて法を思量す。あるいは「天地の間定まれる道なし、衆作者の手を経てその道成立せり」といい、あるいは「天地常理ありて古今泯ぜず、諸の博才なる者、その一分をとり用いて、己が道を説く」という。その中、仏菩薩・賢聖なし、神祇なし、善悪報応もなしとおもう類は、すべて断見に属す。

淫祠を信じ、邪説にともない、偽経を受持し、妖僧・巫祝の欺をうけ、この世の名利を願い、後世の楽を求むる類は、みな常見に属するなり。

この中の持戒は、仏あることを信じ、正道理あることを信じ、賢聖あることを信じ、神祇あることを信じ、善悪報応むなしからぬことを信ずる。これなり。

道は智愚にあらず。智愚ともに道に入るべし。法は古今にあらず。古今共に法を得べし。如上の信増上すれば、心相調柔にして諸の諂曲なし。たとい無仏世界に生ずるも、邪智邪見発せず。有情に対して慈悲を生じ、財色に対して義理を知る。このこころ相続すれば、天命にも達すべきなり。

もし正法に遇えば、この身、心業の影なることを知る。知れば必ず執着を離る。人我の想ながく絶して法無我を得、聖域も遠かるまじきなり。いわゆる聖域とは、従来の面目を改めて金色光明を放つをいうにあらず。詩書に通じ礼度に達し、萍実まで弁明するをいうにあらず。博才文章なるも可なり。一文不通なるもまた可なり。通邑大都に在るも可なり。山林幽谷に居るも可なり。その自知するところ、他の見聞すべきならず。

菩薩種なる者は、その宿縁おおくは人民の主たり。福智等しく修し、自他ともに利益す。あるいは善知識に会い、あるいは内鑑明了にして法の邪正を知り、事の真偽を弁ず。上のこのむところ、下必ず従う。卒土みな邪を捨て詐偽を避けて、その真正に本づく。

真正法ちからあり。未来際を尽くして諸の苦因を離る。乃至諸仏の智慧光明、この戒の中より現ずるなり。

（結　語）

上来、略して信受の功を記す。その戒相の広きは大小乗経論の文の如し。およそ戒法は持・犯・開・遮のしな、異にして一途ならず。しばらく一、二の例を挙げば、優婆塞律儀に①五戒を制す。妄語に次いで飲酒戒をたて、綺語・悪口・両舌を略す。この十善は、口四つぶさに説きて、飲酒の制なし。優波婆沙律儀に②八戒を制す。高広大床等をたてて、意地の三戒を略す。従上の賢聖この解あり。五戒は出離の道に順ず。③本を挙げて末を摂し、妄語の中に余の三戒ことごとくそなわるなり。

飲酒は放逸の門を開けば、少分もゆるさざるなり。十善は人たる道をあらわす。本末別に開きて、口業に四戒をたつ。飲酒は世間にありて、あるいは礼式に用う。親族の交わり慶賀等に礼度みだれざる分斉は、その制ならず。もしは強飲をこのみ、もしは終日酒宴して夜に及び、終夜にして暁にいたり、もしは酔い伏して常度をたがう等は、不貪欲戒の制なり。

八斎戒は日を局し夜を限りて、分に出家の行に順じ、ただ法を以て楽とす。糸竹みな禁じ、見聞ともに犯なり。この十善は、世をおさめ民を救う。尊貴に処する道にして、独善逸居の趣にあらず。この故に淫声を禁じて雅楽を開し、見聞を許して自作を制するなり。香油塗身、非時食、高広大床等、みな準じ知るべし。

身口の七支は外を守りて内を正す。城を高くし壍を深くして外敵を拒ぐ如し。意業の三支は内より外に及ぼす。南面垂拱して四夷賓服するが如し。かの中には貪を盗に摂し、瞋を殺に摂す。すでに生死の恐るべきを知り、正法の信ずべきに達し、身⑥七衆の中に居すれば、不邪見は所論ならざるなり。この中には、良家も頑民も漏らさずして化育す。徳を後代にしき、命を海外に伝う。外は殺を禁じて、内もまた瞋を止めしめ、世の盗賊を罰して、通人にも貪欲の恥づべきを知らしむ。身に非威儀を離れ、心相もまた浄信に住せしめ、深山のおく浦々の果てまで、みな淳善賢聖の風たらしむるなり。元来二法なけれども、主とするところ別なりといえり。

また経中に、「在家の菩薩あるいは五戒の句を受持す。時方に随順して、自在に摂取し、舞伎等種々の芸処を示現し、衆生を摂取す。いわゆる[7]四重禁と不邪見戒なり」といえり。これは綺語・悪口・両舌の如きは、出没時にしたがう趣なり。

仏在世に、般遮翼が琉璃琴を弾じて跋陀女をもとむる。世尊その妙偈を嘆じたまう。滅後に、馬鳴菩薩和羅伎を製して[8]苦空の趣を寓す。僧伽斯那羅漢、癡華鬘を結びて修多羅となす等、みな維法の聖儀なり。

大抵は、「今の楽は古の楽の如し」というも可なり。もしは小臣・弄臣、侍女・小婢の列にありては、綺語に随順するも可なり。四民のほか遊民の類は、俳優・伎楽・雑芸を掌りて、他の歓笑をもよおすもまた可なり。罪悪を呵するに時ありて悪口を用うる等、みな無しというべからず。また猟者の夜間の戒をたもち、婬女、昼分の善をまもるも、その徳ありといえり。これ等の開縁も、仰いで聖誥に順ずべし。凡庸の徒、みだりに経論を取捨するは、法滅の相なり。

戒律厳重にして規度濫託なし。在世の弥勒・文殊も、一辞を賛ずることあたわず。迦葉・舎利弗もただ祇奉を知るといえり。

後記（原漢文）

十善略記、名づけて『人となる道』と為す。この中、文々句々、先師大和上の授くるところなり。先師またいわく、「これを従上賢聖に受けて敢えて片言隻辞をも増減せず」と。愚小子、丱髫俗を出て、幸いに浄持戒の師に遇い、常に膝下に侍して親しく誡勗を受く。滅後三十年、慈顔目に存し、法言耳に在り。ここに安永初年、緇素慇懃の需に応じて、記して以てこれを二三子の手に授く。その文辞の拙なるが如きは、すなわち看ん者、予の不才を知らんという。

天明改元夏再校　　小比丘慈雲敬拝識

序章

序章―1

①人となる道。②この人と共にいうべし。この道を全くして③天命にも達すべく、④仏道にも入るべきなり。⑤十善あり。⑥世間出世間におし通じて⑦大明灯となる。

十善とは、⑧身三・口四・意三なり。不殺生・不偸盗・不邪婬、これを身の三善業という。不妄語・不綺語・不悪口・不両舌、これを口の四善業という。不貪欲・不瞋恚・不邪見、これを意の三善業という。

【現代語訳】

釈尊がこの世に出られて「人となる道」を説かれた。この道はすべての人に語るべき道理である。この道を十分に会得して行えば、自己の天命をも知るまでに至り、さらにその天命が起こってくる根拠を察すれば、仏道の門に入るべきである。

仏道に十善の教えがある。これは俗世間と、悟りの世界を目指す出家の僧との両方に通じる教えであり、無明の暗黒世界に対する絶対的な灯明となって世間を照らすものである。

十善とは、身体による善の行為が三つ、言葉に関する善の行為が四つ、心の善のはたらきが三つで、合計十（身三・口四・意三）の善行為となる。

「不殺生・不偸盗・不邪婬」が身体で行う三つの善の行為である。「不妄語・不綺語・不悪口・不両舌」が言葉による四つの善の行為である。「不貪欲・不瞋恚・不邪見」が意（こころ）の三つの善のはたらきである。

【注】

①**人となる道**　尊者が「人となる道」として説かれた意義を最も端的に表現された言葉は、『人道随』中の「人となる道とは、むかしより人間にして人間の分斉(ぶんざい)をうしなう者おおし。大聖世尊(だいしょうせそん)この世に出現し玉いて、この人をして人たらしむ。これを人となる道と名づく。およそ仏法は主として生死出離(しょうじしゅつり)の深義(じんぎ)を説けども、初門はこの人となる道なり」である。「人をして人たらしむ」とは人を人にする道。道とは、古今・万国に通ずる自然の道理であるから、人が人となる道とは天の道と人の道とが一致したところである。②**この人と共にいうべし**　『人道随』には「智者も愚者も貴人も賤者も、おしなべて漏らさねば、この人と共にいうべし、と言うなり」とある。「人と共に」とは、一人も漏らさず、すべての人に、の意。③**天命**　人の一生に定められた宿命。天命とは儒教の言葉であり、孔子は「五十にして天命を知る」（『論語』）と語るが、その根拠は説かれていない。孔子の天命の根拠を仏道は説くのである。④**仏道にも入る**　仏道とは、仏が説かれた真実に至る道。「およそ道に入る者、天命に達して、さらに天命の由って来るところを察すれば、必ず仏道に入るといえり」（『人道随』）とあり、その「天命の由って来るところ」を尊者は縁起・

因果・法性等流・法性縁起等と説かれていく。**⑤十善**　具体的には十善戒である。『十法』の冒頭には、まず「人の人たる道は、この十善にあるじゃ。人たる道を全くして、賢聖の地位にも到るべく、高く仏果をも期すべきということじゃ」と定義されている。また、諸戒（大小乗の戒・密教の三昧耶戒）の根本であり、釈尊から相承された正法である。**⑥世間出世間**　世間は世俗、出世間は出家者の世界で仏法のこと。**⑦大明灯**　「初め成道より入涅槃に至り、人天小乗の教えより大乗円極に至るまで、説相差別すれども、その法性等流なることは一じゃ。信受する者は、今世後世の大明灯じゃ。奉行する者は、身心の勝安楽じゃ」（『十法』不邪見戒・下）ともある。**⑧身三・口四・意三**　十善をはたらきによって三部に分析した表現。ここでは『人道随』によってそのまま記載する。

【身の三善業】

不殺生――残忍の心にて、この命根を断ずる。

不偸盗――貪欲の心増長して、わが分限の外なる物を取り用うる。

不邪婬――男女の愛欲を婬という。邪とは道ならぬ婬事なり。

【口の四善業】

不妄語――言語の道、必ず真実なり。道を失うて人を欺く。

不綺語――言語の道は必ず質直なり。この道に背きて模様にわたる。

不悪口――言語の道、必ず柔輭なり。この道を失いて麁言毀訾する。徐に言いて麁ならぬ。

不両舌――他の親好を嫉みてこの言を彼に伝え、彼の言をここに伝えて、その親好を破する。

【意の三善業】

不貪欲――人間の本心、自ずから外に求めぬものなり。もし世の名利にわが心を乱されて、貪り求むる。

不瞋恚――人間の本心、本より柔和なるものなり。人を憐れむものなり。この道に背きて怒りふづくみ嫉妬する。

不邪見――人の道として善をこのみ悪を憎むものなり。その中一類の怜悧の人、道理をおもいはかりて決択するを見という。この見に邪あり正あり。正道を失いて邪曲に走るを邪見という。道理の極成して有無に偏らぬを不邪見というなり。

序章—2

この中、①伝戒相承の義あり。②上品の護持は天上および③輪王の徳なり。中品の護持は万国諸王の位なり。下品の護持は人中豪貴の果報なり。もしは④分受、もしは護持闕失あるは、小臣民庶の等級なり。小人の富栄長寿なる、王公の短命なる、あるいは多病なる、あるいは貧にくるしむ等、みな準じ知るべし。

⑤余経の中に、殺生の一戒をたもてば⑥四天王処に生ず。殺・盗の二戒をたもてば⑦三十三天に生ずる等の文あれども、⑧今家は如上の義を伝うるなり。

【現代語訳】

この十善には、釈尊から現在に至るまで師から弟子へと代々伝わってきた教えがある。この十善を最上にまもれば、その功徳として後世には天上界に生じたり転輪聖王として生まれる。中程度にまもれば、国王の位として生まれる。不十分ながらも一通りまもった者は、その果報として人間界で高貴な生まれとなる。もし、十善の一部をまもるか、または、十善をまもることを忘れて、多かれ少なかれ欠けていたりすると一般庶民として生まれることになる。また、身分が低い者が富み栄えたり、高い位にあっても短命や多病、または貧困に苦しむことがあるが、右の例のように十善をまもる程度によると知るべきである。

他の経典の中には、殺生の一つをまもれば四天王の住む天界に生じ、さらに偸盗をもまもるならば三十三天に生まれる、などという経文があるが、今、師の貞紀和上より私に伝わった十善の教えはそれとは異なり、先に示した通りである。

【注】

①**伝戒相承**　釈尊から現在に至るまで、戒が師から弟子へと受け伝えられること。
②**上品**　以下、「品」とは、部類わけのことで、上品とは最上のこと。
上品の護持・・受戒して滅多に罪を犯さないが、罪を犯せばすぐに懺悔(さんげ)する。
中品の護持・・志はあるが時々過失があり、懺悔する。大事には至らない。
下品の護持・・志がないわけではないが真面目さに欠ける。しかし大過はない。
『十法』（不殺生戒）に「この上中下品ということは、みずから心を起こすについて上中下がある」とあることも重要。
③**輪王**　転輪王、転輪聖王(てんりんじょうおう)の略。武力を用いず正義のみによって世界を統治するというインド神話における理想的帝王。　④**分受**　受戒においてすべての戒を満足せず一分を受けること。その一つの戒にそれぞれの果報が生じる。　⑤**余経の中**　『人道随』では、『大方広仏華厳経疏(だいほうこうぶつけごんきょうしょ)』（澄観(ちょうかん)著）・『未曾有経(みぞうきょう)』の中に異説があると示す。　⑥**四天王処**　四天王の住処。須弥山の中腹の四方にあるという。東方は持国天、南方は増長天、西方は広目天、北方は多聞天である。　⑦**三十三天**　須弥山の頂上にある天。中央に帝釈天がいて、頂の四方に各八人の天人がいるので併せて三十三

となる。

⑧**今家**　諸説があるとしても、師の忍綱貞紀和上（一六七一〜一七五〇）から尊者に相承された戒の解釈をさす。『人道』（第二編）に「この十善は慈雲が説に非ず。諸仏賢聖よりの相承を述ぶるのみ」とある。また、本書「後記」に「文々句々、先師大和上の授くるところなり」（二一七頁）とある。

序章―3

世善相応の中も、この徳むなしからず。もし真正にこの道による者は、諸仏菩薩も自己心中より現じ、一切①法門も、その身にそなわるなり。もしこれに背けば②十悪業を成じて、③人たる道をうしなう。④『梵網経』の中、⑤慇懃丁寧に呵したまうところなり。

【現代語訳】

世間一般の善の行為にも徳があるものである。もし仏の教えの通りに正しくこの道（十善）をたもつ者があれば、自己の心より諸仏菩薩が現われ、仏法のあらゆる教えがその身に具わることになる。逆に、十善に背くならば、十の悪業を行うこととなり、人としての道を失うのである。これは『梵網経』の中にきわめて丁寧に叱ってあるところである。

【注】

①**法門**　教義。教え。②**十悪業**　十善業の対。「業」は行為。十悪のこと。③**人たる道をうしなう**　後世には三悪趣（さんあくしゅ）（地獄・餓鬼・畜生）に堕すこと。④**『梵網経』**　『梵網経盧舎那仏説菩薩心地戒品第十』（二巻）の略。大乗仏教の戒である「十重四十八軽戒（きょうかい）」を説く。「仏戒を受けざれば畜生と異なることなく、木頭（もくず）と異なることなし」とある。⑤**慇懃丁寧**　真心がこもっていて、礼儀正しいこと。

第一　不殺生

不殺生―1

世界幾許（いくばく）かある。虚空界（①こくうかい）のあるところ、これ世界海（せかいかい）なり。衆生幾許かある。世界海のあるところ、必ず衆生ありて充満（じゅうまん）す。この世界海・衆生海ことごとく業相縁起（②ごうそうえんぎ）の儀（よそおい）にして、我他彼此（③がたひし）・苦楽昇沈（くらくしょうちん）のあるところなり。

この一大縁起の中、肉眼所見（④にくげんしょけん）の分斉（ぶんざい）に、この人となる道とこしなえにあらわれ存するなり。この道の中、人趣尊尚（⑤にんしゅそんしょう）にして禽獣卑賤（きんじゅうひせん）なり。

【現代語訳】

この世にはどれだけの世界があるであろうか。広い虚空には多くの世界が存在している。その世界には必ず衆生がひしめいている。そしてその迷いの中にいる衆生の世界は業を因として展開しており、そこは我と他者、かれとこれ、苦と楽、昇と沈、などという相対的世界を造り出しているのである。

そしてこの縁起の現象の中、人がこの目で直接見るところに、実際に「人となる道」は常に現われている。その道をよく観察するならば、人は尊く、動物は卑しいといえよう。

【注】

①虚空界のあるところ〜 虚空は真実の世界（色もなく形もなく、他の物の障害とならない）のたとえでもある。**②業相縁起**＝業感縁起。衆生の身口意の三つの行為（三業）によって世界が展開していること。業相縁起の解釈として「一切の凡聖迷悟、善悪昇沈の別なようなは一念の中の分位仮立（ぶんいけりゅう）じゃ。なぜに分位仮立するな

らば、法性が法として縁起する故じゃ。どう縁起するならば、業相が法性に似て現ずるじゃ。法性がまた業相に似て現ずるじゃ」（『慈雲尊者法語集』・法性縁起と追善功徳）とあることは有益である。業相の縁起ということも、縁起である以上、法のままにただ縁起していく。これをまた別の見地からは法性縁起ともいうことができる。③**我他彼此・苦楽昇沈**　我―他、彼―此、苦―楽、昇―沈、と二元的対立するものを並べたのであるが、この対立を生む思考を仏教では分別（妄分別）と称する。これが衆生の迷いの根本である。この分別によって自己と相対するものを主観的に思慮することで、ものごとのありのままの姿（真理）を捉えることができない。昇沈とは、昇は高貴、沈は賤。世界で言えば昇は天、沈は人間。④**肉眼所見の分斉**　現に人間が目で見ている世界は自分の分限（持ち分）の範囲で現じた世界。分斉は分際、分限の意。⑤**人趣尊尚**　人間は万物の霊であって有情の中で最も尊いこと。人の尊さを知って殺生の中でも殺人が最も罪が重いことを言わんとする。人趣は人間界。六趣（地獄・餓鬼・畜生・修羅・人間・天上）の一。不殺生は「微細の虫蟻に至るまで、本性の平等なるに達す。これを不殺生戒全きと名づくるじゃ」（『十法』・不殺生戒）という平等観が根本。これより慈悲観へと発展するであろう。

人間と禽獣の比較については『十法』の不殺生戒で詳説されている。

不殺生―2

①経・律の文に、人を殺すを大殺生といい、禽獣を殺すを小殺生という。大殺生の中、軽重あり。恩ある人はその罪さらに重し。父母等を打罵し、もし殺害に至れば②逆罪を成ず。庸流には③棄罪を得。罪悪の者は、あるいは蟻子よりもかろし。

小殺生の中、また軽重あり。④能変形の者は罪重し。不能変形の者はかろし。能変形とは、小伎倆ありて人の姿とも化し得べき者なり。不能変形とは、極底下愚昧にして化することもなき類なり。

【現代語訳】

経・律の文では、人を殺すことを大殺生といい、動物を殺すことを小殺生という。大殺生の中にも軽い罪と重い罪がある。大殺生の中でも恩のある人を殺害することはさらに重い罪である。父母を罵(ののし)り殺害するに至れば逆罪という重罪を犯したことになる（大殺生の上品）。次に、一般の人を殺害すれば棄罪(きざい)（婬・盗・殺・妄の四(し)波羅夷(はらい)という四重罪）となり（大殺生の中品）、罪悪の者を殺害することは、場合によっては蟻よりも罪が軽いこともある（大殺生の小品）。

小殺生の中にも軽い罪と重い罪がある。能変形の者を殺害すれば罪は重い。不能変形の者は軽い。能変形とは少しばかり能力があって、人の姿に変化(へんげ)することができる者である。不能変形とは、きわめて知恵がなく変化することができない類である。

【注】

①**経・律**　仏教の典籍は経蔵・律蔵・論蔵の三種（三蔵(さんぞう)）に分類される。　②**逆罪**

人の道や仏法に背く極悪の罪。犯せば無間地獄に堕ちる重罪。父を殺し、母を殺し、阿羅漢を殺し、仏の身体を傷つけ、教団を破壊する、この五つの罪で五逆罪ともいう。**③棄罪** 婬・盗・殺・妄の四波羅夷（比丘としての資格を失う四種の重罪）。辺罪。根本罪。四重罪。**④能変形** 『人道随』の説では、能変形というのは、龍が人の姿に変化するようなもの。対する不能変形とは、犬や豚の類とあるので、普通の動物は不能変形ということである。

不殺生—3

この軽重の罪、おのおの①方便・根本の②差別あり。方便とは③前修に名づく。④助成の義なり。⑤工人その事を善くせんとして、先づその器を利す。⑥千里の行ある者、三月糧をつつむといふの類なり。根本とは⑦究竟に名づく。⑧成遂の義なり。山に登る者すでにその巓をきわめ、海を渡る者彼岸に至る類なり。

この中、もし殺具（せつぐ）をもうけ、毒薬を調（ちょう）し、打ち傷つけ、そこない破るを方便（ほうべん）罪（ざい）という。命（いのち）の尽（つ）きるにいたるを根本罪（こんぽんざい）と名づく。これみな犯相（⑨ぼんそう）なり。さらに持相（⑩じそう）を知るべし。

【現代語訳】

以上の軽い罪にも重い罪にも、それぞれ方便罪と根本罪とがある。方便とは、実行するために前もって準備をすることから名づけられたもので、行為を完結するために力を注ぐという意味がある。たとえば、職人が善い仕事をしようとすれば、先ずは道具を研（と）ぐ。また、百里を往く者は三か月をかけて食料を集める、というような準備だ。根本とは、事を極めることから名づける。行為を完結するという意味である。山に登る者が頂上を極め、海を渡る者が向こう岸に到るようなことである。

殺害のための道具を用意し、毒薬を調合し、叩いたり傷つけたり、痛めつけることを方便罪（殺害までには至らない）という。その命が尽きてしまうと根本罪（殺害して死に至らしめる）となる。

以上のことは犯相（ぼんそう）（罪を犯すようす）である。さらに持相（じそう）（不殺生戒をたもつすがた）を知るべきだ。

【注】

①**方便・根本**　方便罪と根本罪。根本罪は修行僧にとっては重罪。方便罪について『人道随』では、「罪業の二三分より八九分にいたりて止むを方便罪という」とある。また、『十法』（不殺生戒）には「事の究竟（くきょう）に至るを根本罪という。初め内心に発起するより、身口業を動作し、所対の有情を悩ますを方便罪という。また、助罪（じょざい）と名づくる」とある。②**差別**　区別という意味に等しい。仏教では「しゃべつ」と読む。③**前修**　あらかじめ準備すること。④**助成**　事が成るように力を添えること。⑤**工人その事を〜**　『論語』（衛霊公）「工欲㆑善㆓其事㆒必先利㆓其器㆒」（職人が自分の仕事をうまくやろうとすると、必ずまず第一に道具を研ぐことから始める）。⑥**千里の行〜**　『荘子』（逍遥遊）「適㆓百里㆒者宿舂㆑糧。適㆓千里㆒者三月聚㆑糧」（百里

の旅に出る者は、一晩かかって食糧の米をつき、千里離れた遠方に行く者は、三か月前から食料の準備にとりかからなければならない)。⑦**究竟** 究極。極める。「きわまりおわると訓ず」(『人道随』)とあり。⑧**成遂** なしとげる。⑨**犯相** 戒律を犯すありさま。持相の対。⑩**持相** 戒をたもっているすがた、行為のようす。

不殺生―4

初めに①人趣の尊きを信じ、如上の悪業を遠離するを不殺人と名づく。次に、この②仁慈を拡め充して、禽獣虫魚に及ぼすを不殺生戒と名づく。終りに賢聖の地位に至りて、草木国土までに及ぶなり。もし死すべき者の命を救う、その功徳多し。

③仏在世に④目連尊者の弟子⑤沙弥あり。この人短命の相なりしが、あるとき道路の中、衆多蟻子の水に溺るるを見て、その命を救う。これによりて夭折の相

を転じ長寿を得しという類[6]なり。
よくこの戒をまもる者は、一切人民、一切世界、見るところとして慈悲心[7]ならざるなく、聞くところとして慈悲心ならざるなく、衆生無辺なれば戒もまた無辺なり。虚空無辺なれば戒もまた無辺なり。
この徳、近く[8]は人天の中に無病長寿の報を得、遠くは無漏道[9]に達して金剛不壊[10]の身を得べし。寿命無量[11]の仏、その名を聞くも、その名を唱うるも、億劫[12]生死の重罪を除くといえり。

【現代語訳】

初めに、自分が人間界に生まれていることが如何に尊いことであるかを信じて、以上の悪い行いを離れることを不殺人という。次に、その慈しみ恵み深い心を、生きている者全体におし広げて、動物や虫、魚にも及ぼすことを不殺生戒という。そうすると、最終的には仏菩薩の境地に至って、さらに草木や国土にまで慈悲の心が及んでいくのである。もし死ぬはずの者の命を救うならば、さらにその功徳は多い。

釈尊の時代、目連尊者の弟子に一人の沙弥がいた。この人は短命の相であったが、ある時、道路で多くの蟻が水に溺れているのを見て、その命を救った。これによって夭折（ようせつ）（年が若くて死ぬ）の相が長寿の相に転じたとある。このような類である。

この戒を慎んでまもる者は、すべての人々や全世界のことを見ても聞いても、あらゆるところが慈悲心の対象でないものはなく、しかも世界の衆生は限りなく多いので戒も無限である。衆生が住む虚空も無限であるから戒もまた無限である。

不殺生戒をたもつことによる功徳は、身近なところでは人間界と天上界に生まれて、無病長寿の果報を得ることである。仏道修行者においては、煩悩を超えた聖者の道に達して金剛のような強い身体を得るのだ。寿命無量の阿弥陀仏の名を聞いても、その名を唱えても、無限といってもいいほど繰り返した輪廻間の重罪も消滅するという。

【注】

①**人趣** 人間界のこと。先に「人趣尊尚」(六三頁の注⑤)とあった。衆生が業によって輪廻する六趣(地獄・餓鬼・畜生・修羅・人間・天上)の一。②**仁慈** 思いやりがあって情け深いこと。『十法』(不殺生戒)に「この微細の虫蟻に至るまで、本性の平等なるに達す。これを不殺生戒全きと名づくるじゃ」とある。ここに不殺生と平等の関係が説かれる。③**仏在世** 釈尊が生存していた時代。④**目連尊者** 仏十大弟子の一。サンジャヤの弟子であったが、後に釈尊の弟子となる。神通第一といわれる。⑤**沙弥** 一人前の比丘となる以前の二十歳未満の出家の弟子。この沙弥の縁事は『雑宝蔵経』(沙弥救蟻子水災得長命報縁)及び『法苑珠林』等にあり。⑥**類** 尊者の注に「この現報を以て他世の徳をはかりしるべきなり」とあり、現世での徳は過去世からのものであると説く。業報は三世にわたるのである。⑦**慈悲心** 仏・菩薩が衆生をあわれみ、いつくしむ心。ここでは一切衆生が慈悲心の対象となるという。即ち不殺生と慈悲心の関係が説かれる。⑧**近くは～** 人間界と天上界のような迷いの世界。「遠くは」というのは仏・菩薩の世界を指す。⑨**無漏道** 無漏とは、漏れ出る不浄なものがないことで、煩悩がないことを意味する。無漏道

とは有漏道の対で、煩悩を離れて苦悩がない清らかな聖者の道。⑩**金剛不壊の身**　仏の身体。『人道随』に、「仏身は常住不変にして金剛のごとし。金剛とは宝の名なり。この金剛、火に入りても焼けず、鉄槌を以て打つに砕けずといえり」とあり。⑪**寿命無量の仏**　無量寿仏、つまり阿弥陀仏のこと。⑫**億劫生死**　百千万億劫の略。無限に長い時間を表わす。『観無量寿経』に「称（スルガ）二仏名（ヲ）一故除（ニク）二五十億劫生死之罪（ヲ）一」とあり。生死とは、生と死の輪廻を繰り返している迷界。

第二　不偸盗

不偸盗―1

[1]法性の縁起せる。[2]世界浄穢わかれ、業相の[3]等流する。衆生ここに死し、かしこに生ず。この衆生の人中にありて自他相対する。君臣上下あり。苦楽貧富あり。山海おのおの界限ありて、[4]封疆みだれず。財利おのおの[5]分斉ありて、彼此混ずることなし。

親子至りてしたしけれども、父病あるとき、その子代ることあたわず。子の痛みを父母わかち忍ぶことあたわず。耳目相ならべども、視と聴と代りもちうべからず。縁起、法としてかくの如し。業相、法としてかくの如し。

【現代語訳】

真実の存在として現われている一切のものは、ただ縁のままに出現しているのみである。業によってその世界が清らかな世界と汚れた世界に分かれ、そのまま現象として現われる。衆生は輪廻して生死を繰り返す。衆生が人間界に生ずれば、本来一つである世界を自己と他者に二分して相対の世界に住むことになる。それで人間社会は君主と臣下等の上下関係が存在し、苦と楽、貧富と富栄などの対立した世界ができあがる。山と海はそれぞれの境界を保ち、領土の境が存在する。同じように人の財産にもそれぞれその人なりの持ち分があり、それを取り混ぜて一つにすることはできないのである。

たとえば、親子がどんなに親しくても、父親の病気を子どもが代わることができないことと同じである。子どもの痛みを父母が分け合って耐え忍ぶこともできない。また、耳と目は並んでいるが、見ることと聞くことを交替して働かせることもできない。この世界の縁起とは、本来、自然界の道理としてそのようなものなのだ。因果による業のすがたとは、真実として、そのようなものなのだ。

【注】

①**法性の縁起せる** 『人道随』に縁起の解釈として「法とは規度定まりて任持する義なり。性とは不改の義なり。異縁ありて改まらぬを性というなり。この法性、その本体は改まらねども、縁ありて発起するなり。これを縁起という」とあり、法性と縁起の関係性における的確な説明がなされている。華厳教学の法界縁起（法性縁起）説。 ②**世界浄穢わかれ** 浄世界＝清浄な法門より縁起する世界＝覚りの世界。穢土＝善悪の業によって縁起する世界のこと。 ③**等流** 原因から流れ出た結果が同類であること。過去・現在・未来へと三世にわたって流れて行く。尊者は「流水の断ぜざるごとく」（『人道随』）とたとえてある。 ④**封疆** 国境のこと。封境。 ⑤**分斉** 尊者は他にも、分際・分限とも表現される。自己のこの世における持ち分、の意。この分斉は天が与えて自分が受けた分斉であって善悪の報いの現われ。これは個々の天命として与えられたものであるから、これを他の人が奪うことは道に背く。偸盗の根本原理。

不偸盗—2

この業相のなか、他の財物を侵し奪うて自己の利となすを盗というなり。たとい自己に利なきも、①もしは焼き、もしは埋みて、他の財物資具を②損壊する。みな破戒なり。

この戒また方便・根本の差別あり。はじめ盗心をおこすより、あるいは言にあらわし、あるいは身手を動ずる種々③作業は方便罪を成ず。他の財物、もしは自己に属し、もしは損壊すれば根本罪を結するなり。已下の諸戒みな準じしるべし。

この戒その相ひろし。借りて返さぬ。問わずしてみだりに用うる。損じて償わぬ。専らに用いて他の用を妨ぐ。同じく労して我ひとり④賞にあたる。⑤簿籍をたがえ記して私をまじうる。下を虐して上にへつらう。上を侵して下にまじわる。彼を減じて此れを増し、ここに奪いて彼にあたうる等なり。

【現代語訳】


偸盗の具体的な行為としては、他人に属する財物を奪って自分の利益とすることで、これを盗というのである。たとえ自分に利益がなかったとしても、他者のものを焼いたり、埋めたり、財産や器物を壊すことは、すべてこの戒を犯すことになる。

この戒においても方便罪と根本罪の区別がある。はじめに盗心を起こして、それを口走ったり動作に移すことは方便罪である。その結果、他者の金品を自分のものにしたり壊したりすれば、根本罪として完結したことになる。以後、他の戒もこれを基準に考察せよ。

不偸盗戒の戒相は広範囲に及ぶ。借りた物を返さない、許可を得ずに他人のものを勝手に使う、壊して弁償しない、自分だけ利用して他人に使わせない、同じように苦労したのに自分だけ褒美をもらう、帳簿に私情を加えて書き換える、下の者をいじめて上の者には媚びへつらう、上の者を傷つけて下の者と交流する。あちらのものを減らしてこちらを増し、こちらの物を奪ってあちらに与える、などである。

【注】

①もしは焼き～　これ以降の数例は律の聖典を引いて示したもの。**②損壊**　こわすこと。**③作業**　言葉と身体による行為。**④賞**　贈り物や報酬のこと。**⑤簿籍**　帳簿。

不偸盗―3

また、財物のみならず、詩文章家の他の佳句を盗む。農夫の田際を侵す。あるいは①溝渠に穴を穿ちて他の水を盗む等なり。②有司の賄賂に耽りて③理非をまげ判ずるは、その中の大なるなり。④傭夫の一日の雇を受けて、その事に怠るは一日の盗なり。子として孝ならぬは終身の盗なり。臣として忠ならぬは⑤満家の盗なり。

【現代語訳】

また、財物だけでなく、他者の詩や文章の一部を盗むこと、農民が田畑の境界線をごまかしたり、溝に穴をあけて他者の田から水を引いて盗むなども偸盗である。役人が道理を曲げて裁くのは、中でも最も重大な罪である。また、一日雇われているのに仕事をしないのは一日の偸盗である。子どもが親に孝行しないのは一生の偸盗である。臣下として君主に忠義を尽くさないのは一家あげての偸盗である。

【注】

①**溝渠**　溝も渠も、みぞの意。②**有司**　役人。官吏。③**理非**　道理にかなっていることと、背いていること＝是非。④**傭夫**　やとわれた者。⑤**満家**　一家全体。家中。

不偸盗―4

よくこの戒に住する者は、①仏物②互用せず、③法物互用せず、これを私に用いず。④市鄽の利、⑤商賈の産業を全くせしめ、⑥田作の利、農人の楽を失わざらしむ。⑦君は常に君たり。これを万世に伝えて恩恵をほどこす。臣はとこしなえに臣たり。これを⑧遠裔に守りて忠義を全くす。下は上の威名をうらやまず。上は下の利をかたよらざらしむ。

他の才をかくさず。人の徳をおおわず。鳥獣の巣をやぶらず。亀魚の水を涸さず。時ならねば花を折らず。熟せねば菓をとらず。⑨名と器とは家に守り、財と穀とこれを国にもちう。その徳、⑩有情・非情におしわたりて、近くは人天の中に富饒の報を得、遠くは⑪万徳荘厳の⑫仏身土を得べし。この⑬福徳門、⑭一切群生を摂取して捨せず。

【現代語訳】

この戒をよくたもつ者は、仏の道具を他の物と共有せず、法の道具も他の道具と共有せず、また、仏と法の道具を個人の物として用いたりしないのである。君主が人民を治めるための（十善の）道としては、店の利益や商業を十分に発達させ、農作での利益や農人の楽しみが失われないようにする。君主は常に君主の地位をたもち、それを万世に伝えて民に恵みを施す。臣下はどこまでも臣下であり、これを代々にまもって忠義を全うする。下の者は上の者の名声を羨むことなく、上の者は下の者の利益が偏らないようにする。

他者の才能や徳をつつみ隠したりしない。鳥や獣の巣を壊さず、亀や魚の水を涸らさない。時期がこなければ花を折らず、熟さなければ果実を採らず。家においては位や調度品は保っておいて、財貨と穀物とは国のために用いるのである。この不偸盗の徳は有情と非情に広く行き渡り、俗世における不偸盗の報いは、人間界や天上界に生まれて豊かな生活を送ることとなり、さらに仏道における不偸盗の報いは、衆生仏の清らかな身体と国土を得る功徳となるのである。この福徳を説く教えは、衆生のすべてを救い収めて決して捨てることはない。

【注】

①**仏物**　仏に属するもの。仏像、仏器、殿堂など。②**互用**　互用とは取りかえて他に用いること。③**法物**　法（教え）に属するもの。経巻、写経道具など。仏物・法物・僧物を三宝物という。この三つを共用することを禁ずる。僧物は常住僧物（寺院全体の財産である土地・僧房・雑具など）と現前僧物（教団に供養された物・衣鉢などの生活物資、食物など）の二種がある。④**市廛**　商店。町の店。廛は店のこと。市肆（しし）。⑤**商賈**　商人。商は行商。賈は売買すること。⑥**田作**　田を耕して農作物を栽培すること。農業を営むこと。⑦**君はつねに君たり**　「十善の法は楷定（すじみち）を守るといえり」（『人道随』）。ものごとの順序・筋道を踏むこと。「十善は万国古今におし通ずる道なれば、儒者の道とは大いに異なるなり」（『同』）。つまり、下の者が上の者の地位を奪い取るということは十善の道ではない。⑧**遠裔**　遠い後世の子孫。裔とは跡継ぎ。子孫。⑨**名と器とは家に守り～**　『春秋左氏伝』

に「器与レ名、不レ可二以仮一レ人」とある。名とは位であり、器とは調度品。この器によって礼が行われると孔子の言葉を伝えている。⑩**有情・非情**　有情とは感情や意識があって生命をもって存在するもの。衆生ともいう。情は心のこと。非情は無感覚な草木・山河など。⑪**万徳荘厳**　多くの善行の果報によって飾られていること。⑫**仏身土**　仏の身と仏の住する国土。⑬**福徳門**　善行の報いによって福徳があるという教え。門とは教え。⑭**一切群生を摂取して捨せず~**『観無量寿経』に、「復有二八万四千光明一。一々光明遍照二十方世界念仏衆生一摂取不レ捨」とある。

第三　不邪婬

不邪婬—1

①仏身を知らんと欲せば、衆生業相の中にみよ。②解脱法を知らんと欲せば、この③生死海の中に求めよ。

生死海の中、この天地あり。天地あればその儀あり。なしというべからず。この④陰陽あり。陰陽あればその徳あり。なしというべからず。この⑤男女あり。男女あればその情欲あり。なしというべからず。この人情ある者、道を伝うるの器なり。漸次に道を全くせば、賢聖の地位にも入るべし。無漏道にも達すべし。

【現代語訳】

仏の身体がどのようなものであるかを知りたければ衆生の現在のすがたをみよ。解脱に至る方法を知りたければ、生死を繰り返している迷界の中に求めよ。

この迷いの世界には天と地が出現している。天地があればその現象がある。ないとは言えない。天地の性は陰と陽である。陰陽にもそれぞれの徳がある。ないとは言えない。陽である天の徳から生じたのが男であり、陰である地の徳から生じたのが女である。男女がいれば情欲がある。ないとは言えない。この自然の情感がある人間こそが道を伝える器（うつわ）なのである。そこで次第に天地の道理に随って道を全うするならば、菩薩の境涯にも至るであろう。煩悩が消滅した涅槃にも達することができるであろう。

【注】

①**仏身**　大乗仏教の仏身論は、法・報・応の三身説。法身とは真理の身体の意であり、永遠不変の真理そのもの。報身とは修行を積んだその報いとしての功徳を持つ身体。

応身とは衆生の済度のために衆生の機根に応じて現われる身体。その他さまざまな仏身論があるが、ここでは趣旨として複雑な身体を考える必要はないであろう。要は、衆生界の外に仏や悟りの世界があるのではないという趣意である。**②解脱法**　解脱に向かう教え。煩悩から解放されて迷いの苦界を脱する方法。**③生死海**　生死を繰り返し、輪廻から抜け出せない迷いの世界が広大で無限であることから「海」にたとえる。**④陰陽**　『易』（繋辞上）に説かれる陰と陽の二気。この二気が天地間にあって万物を生ずる。神道と陰陽の関係については「この右旋左旋、その規則ありて、陰陽の基をなすなり」（『人道』第三編）とある。また、「我が国、諾冊二尊より陰陽相交わり、下禽獣蚊虻に至るまで雌雄の交わりあり。これ天地の道なり。構造せる趣に非ず」（『神儒偶談』下・独身独居）、かつ「一陰一陽まことに道というべし。この道、今にうつり来りて人間世界男女婚嫁の式となる。欲界の法なり」（『神勅口伝』）とある。**⑤男女あり**　『十法』に、「法性が男女と成り来り、この男子ありて天の徳を全くする。この女子ありて地の徳を全くする。陰陽ここに配して万物生ずる。剛柔これに配して万物を育する」（『十法』・不邪婬戒）とある。『易』には「乾道成ㇾ男、坤道成ㇾ女」とある。

不邪婬―2

一切男子みな妻あるべし。一切女人ことごとく夫あるべし。この夫妻あれば①夫妻の道あり。これをこの②戒の相とす。この③夫妻ありて父子あり。父子ありて兄弟あり。親族姓氏あり。これを④人倫とす。⑤天帝釈の命を下す、⑥輪王の諸王に教うる、⑦この人倫の道なり。

もし⑧世外に超過して⑨仏種を紹隆する者は、この等類ならず。別に⑩童真清浄の行あり。⑪賢聖沙門の安住する、⑫那含諸天の快楽する、この清浄行なり。

【現代語訳】

すべての男性には妻がいるであろう。すべての女性には夫がいるであろう。夫妻が存在すれば夫妻の道がある。これを不邪婬戒の戒相とする。夫妻があって父と子がある。父と子があって兄弟がある。親族・氏族がある。ここに人がまもり行うべき道がある。人間の善悪の行為が天に通じ、帝釈天が命を下して人の禍福が定まることや、転輪聖王が諸国の王に十善を教えて庶民に広げること、これが人倫の道となるのである。

その中で、もし、この俗世を超越して仏の法を受け継ぎ、これを発展させるような者がいるならば、その道は俗世と同じ人倫の道であろうはずがない。特に、幼い時から煩悩を離れた道を歩く者がいる。また、出家者が菩薩の行を修し、欲を離れて快く法を楽しむ境地でいることは、清らかな実践である。

【注】

①**夫妻の道あり**　欲界の中ではすべて「男女雌雄の愛まぬがれぬなり」(『人道随』)とあり。また、「禽獣は道を教うべき器ならず。ただこの人界、教えば上天にも通ずべく、誤れば禽獣に落つべしといえり」(『同』)とある。この不邪婬の道を自覚するのも、実行することができるのも人間のみである。②**戒の相**　戒相。戒四別（戒法・戒体・戒行・戒相）の一。戒法とは、仏によって制定された戒のこと。戒体とは、

受戒の後、戒が具わりまもろうとする力。実際にまもる行為は戒行。まもればそのすがたが具体的に現われる、これを戒相という。③**夫妻ありて～**　道は常に存在するが現象界は縁によって展開する。仏典では人は初め化生であったと説く。次第に五穀を食して男女の性が分かれて胎生となり、親子親族ができることとなる。そこでそれぞれの制度、規則ができる。『易』（序卦伝）には「有リテ二天地一然ル後有リ二万物一。有リテ二万物一然ル後有リ二男女一。有リテ二男女一然ル後有リ二父子一。有リテ二父子一然ル後有リ二君臣一。有リテ二君臣一然ル後有リ二上下一。有リテ二上下一然ル後礼儀有リレ所レ錯オク。夫婦之道不ハレ可カラ二以テ不ルレ久シカラ（夫婦の道は久しく続かなくてはならない）」とある。④**人倫**　人の道。また、人として実行すべき道。⑤**天帝釈**　帝釈天。梵天とともに仏教を守護する神。もとはヴェーダ神話に登場する。須弥山の頂に住む。「命を下す」とは、人間の善悪の行為が上天に通じて命となる。それで禍福が定まる。⑥**輪王**　転輪聖王。即位の時、天より輪宝を授かり、世界の四方を制定する理想の王。その四方の諸王とは、金輪王・銀輪王・銅輪王・鉄輪王。⑦**この人倫の道**　尊者のいうところの人倫の道とは、人間中心の視点から造り出す道ではない。「天帝釈の命を下す、輪王の諸王に教うる」ところが人倫の道の本元でなくてはならない。⑧**世外に超過**　超過とは、世俗的な人倫を超えること。そこで尊者は常に人倫を一度超過するべし、と言われる。「天地の間にありて人倫を超過する。人倫を超過する者が人倫の師となる」(『十法』・不邪婬戒)。そういう人が「仏種を紹隆する」のである。⑨**仏種** 仏となる種。仏性と同義であるが、ここでは仏の教えの跡継ぎの意味。⑩**童真清浄** 童真とは童子のこと。童子の性質は清らかで天真爛漫なので真という。尊者は玄応の『一切経音義』を引いて、「八歳以上で婬事に触れざるを童真という」とされている。⑪**賢聖沙門** 三賢十聖。菩薩でも位が高い菩薩。三賢(十住・十行・十回向)・十聖(十地)。沙門とは出家者のこと。⑫**那含諸天** 那含とは阿那含の略。欲界の煩悩を滅ぼした聖者のこと。再び欲界にもどらないので不還(ふげん)・不来ともいう。那含の居所に五つの天位がある。

不邪婬—3

人たる道の中に、男子は①剛正を本とす。②制を人にほどこす。妻あり③妾あるも妨げなし。女子は柔順をまもる。制を他にうく。両夫に見ゆるは道にそむくなり。その条目のごときは、他国は人の国の④礼あり。わが邦はわが邦の礼あり。その国に居てその礼をまもるは、道のあるところなり。もしわが邦に居て他土の礼を誘う者は、愚の甚だしきなり。仏戒は、この等類ならず。⑤法性より等流し来りて、万国古今を⑥救度す。たとい⑦夷狄にゆくも、たがうべからざるの道なり。万々世の後も、まもるべきの法なり。

【現代語訳】

人道の中では、男子は強くて正しいことが基本的な性質である。そこで人に命じることに適している。妻があり妾がいても問題ないとされる。女子は柔順をまもるのが性質である。それで従う方が適している。二人の夫に仕えるのは道にそむく。制度の条例には他国は他国の礼があり、わが国にはわが国の礼がある。それぞれの国にあって、その国の礼を守るのが道である。もしわが国に居りながら他国の礼を説く者があれば愚かなこと甚だしいものだ。

仏法の戒はそれら俗世の制度とは違って、真実の道理そのものが現われ出たもので、どこの国であろうと、どの時代であろうとも人々を救うのである。たとえ辺境の国であっても異なってはならぬ道である。未来永劫にまもるべき道なのである。

【注】

①**男子は〜**　男女は性質として剛と柔の違いがある。そこで戒相も異なる。剛正とは、つよく正しいこと。男女の相異ついては、尊者は先ず、この世界に男女という姿形で出現している事実、そしてその源の理（法性）に言及する。そうすることによって初めて男女の相異と平等が明らかになるのであろう。『十法』（不邪婬戒）に

「法性が縁起せざれば止みね。縁起すれば天地となり来る。この天地の中に男女となり来る……この男女、形相志性の差別も、直爾に法性の顕われし姿じゃ……経論の中に金口自ら法相を分別したまう。二十二根の中、身根の小分に男女二根を分かち示す。その趣は世間妄想の者の知るべきところでない」また、「法性が男女となり来り、この男子ありて天の徳を全くする。この女子ありて地の徳を全くする。陰陽ここに配して万物生ずる。剛柔これに配して万物を育する」とある。理に順じて陰陽、天地、剛柔、男女等と分れて現じてくるのである。このことを踏まえた上で男女の相異、または平等を論ずべきである。自然には人間の了簡は通じない。故にここに「法性」が基であると示されていることは、正しい平等観への道筋として肝要であろう。 ②**制** 命令。制御。 ③**妾** 正妻以外の夫人。側室。明治三十一年までは一夫多妻が認められていた。 ④**礼** 礼節。人が行うべき儀礼。作法。社会秩序を保つための礼。国によって土地も気候も人間の性質、言葉も異なる。「道もその土地と人物にしたがいて、別々に現れるなり」(『人道随』)。礼もそれぞれなのでその国に居る時はその国の礼度を主とする。 ⑤**法性** 一切万有の真実の本性。真如。真実そのもの。 ⑥**救度** 衆生を済度すること。衆生を迷いや苦しみから救い出すこと。

⑦**夷狄**　えびす。辺境の未開の国＝四夷＝「東夷・西戎・南蛮・北狄」（『礼記』）。梵語は蔑戻車。

不邪婬―4

男女の会遇、①宿縁定まり来りて、現縁成就するは人倫の常なり。もし父母親族のゆるさぬ、もし他家に属せる等には、互いに心を寄すまじきなり。もし②六親の中に③不浄行をなすは禽獣の行なり。④悪業障を成ず。経・律の文に、この乱行の者は、⑤五戒等の⑥善律儀を受くるに堪えずと説けり。如上の非法ならず、その定まりたる夫妻の中にも、⑦非支・非時・非処・非度、みな邪婬の相なり。具には諸の経・律・論等の文をたづねて、その趣を知るべし。

よくこの戒をまもる者は、⑧礼度うちに定りて⑨徳沢ほかに溢る。人の知らざる処、⑩神祇の守護あり、天の⑪明命を受く。妻妾妬忌なく、家に継嗣断ぜず、⑫孝子順孫の風ながく伝わり、親族和し⑬長幼序あり。これを国に用うれば国政乱れず、天下も平なり。乃至⑭欲にありて清浄なるは、観音菩薩の⑮三摩地門なり。

【現代語訳】

男女のめぐり逢いは過去からの因縁によって定まっており、現世において縁によって結ばれることは人の世の常である。もし、両親や親族が許さないか、またはすでに他家に嫁いでいる者同士ならば、互いに心を寄せ合ってはならない。もし血族間で男女が交わるならば動物と同じである。それは修行の障りとなる悪業である。律の聖典には、男女間における乱行の者は受戒することができないと説かれている。以上の不邪婬戒の道に背くばかりではなく、夫婦間においても、非支・非時・非処・非度は、すべて邪婬の行為である。詳しくは経・律・論等の文に直接あたって、この不邪婬戒の真相を知ったがよい。

よくこの不邪婬戒をまもる者は、自分自身の中に礼儀が定まるので、その恩恵が外にあふれ出る。たとえば、知らず知らずのうちに神々から守護され、天命を受け、妻妾は互いに妬忌することなく、家の跡継ぎは途絶えず、子は孝行し孫は祖父母に随う家風が続き、親族も仲良く、上下関係も整っている。不邪婬の恩恵を国に用いるならば、国政は乱れることなく、天下も平和である。また、その欲が清浄であるならば、観音菩薩の悟りの境地そのものである。

【注】

①**宿縁** 過去世からの因縁。とはいえ、仏法の根本教義は運命論（宿命論）ではない。②**六親** 六種の親族のことであるが、その六種は種々の説がある。その中には、父・母・兄弟・子は必ず含まれる。③**不浄行** 邪婬を犯すこと。④**悪業障** 仏道に進むことを妨げる障害。⑤**五戒** 在家信者の五つの戒。不殺生・不偸盗・不邪婬・不妄語・不飲酒。五戒を受ける前に、法則によると五逆罪を犯してないかを問い、次に、六親に不浄行を行じていないかを問うことになっている。飲酒については、

後の「結語―2」に尊者の詳説があるので参照（一九九頁）。⑥**善律儀**　戒律のこと。⑦**非支・非時・非処・非度**　支とは身体の一部分を指し、非支とは、『四分律』に、その器官（婬道）でないところに交わること。非時とは、不適当な時に交わらぬこと。『智度論』には、受戒した妻、妊娠している時、授乳の時、などがあげられている。非処とは、その場所を選ぶこと。非度（非数）とは頻度を心がけること。⑧**礼度**　礼の法度（はっと）（おきて、法則、規則）。礼儀。⑨**徳沢**　めぐみ。おかげ。恩恵。⑩**神祇**　天神地祇。天の神と地の神。天地の神々。⑪**明命**　天から授かっている命令。天命。「およそ天命は、上に定まりて下に施すなり。この上に定るには必ず人事の特質によるなり。たとえば地気上りて雨となるが如きなり。この男女は陰陽の姿、剛柔の性なれば、天命の相応する」（『人道随』）。⑫**孝子順孫**　孝子慈孫。孝子とは親孝行な子ども。順孫とは祖父母に従う孫。⑬**長幼序**　年長者と年少者には順序、上下関係があるということ。⑭**欲にありて〜**　この巻の冒頭に「男女あればその情欲あり」とあった。ではその「欲にありて清浄なる」というのはどのようなことであろうか。『人となる道』（第三編）に、『日本書紀』（神代巻）の「陽神（おかみハ）左旋（ニまわり）、陰神（めかみハ）右旋（ニまわル）。分巡（レテまわり）二国柱（くにはしらヲ）一同会（クウ）二一面（ニ）一」を引いて、これは男女の婚儀のことでもあるが、造化の機関（活動）であるとし、ここに天地の理と男女の理を重ね、「右旋左旋その規則ありて、陰陽の基をなす」とある。この理に順じた男女のあり方が清浄行であり、これが次の『理趣経』の観音菩薩の三摩地門に直結する。この神道と密教の関係については、「神道の高き、道教・儒教の及ぶところにあらず。その深意を得る、密教に入るにあらざれば、これを知ることあたわず」（『曼荼羅伝授付録』）ということが尊者の神道（雲伝神道）の根幹である。⑮**三摩地門**　三摩地の法門。三摩地とは、禅定、または平等の意。密教では、自己の身・口・意と仏の身・口・意とが平等となる境地（三密加持）。尊者はこれを『理趣経』の観音の三摩地門のこととされる。つまり『理趣経』の第四段、観自在大菩薩の説法である。そこでは世俗の汚れも本来清浄であると説く。

第四　不妄語

不妄語―1

道の①口門(くもん)にある、その趣ふかし。②声韻(しょういん)、法爾(ほうに)にしてその始終(しじゅう)をいうべからず。③文字(もんじ)、無尽にしてその涯際(がいざい)を得がたし。

この④人界(にんかい)の⑤耳根明了(にこんみょうりょう)なる、⑥言音(ごんいん)を以て法を伝え、⑦文辞(ぶんじ)を以て道を貫くといえり。

現今に⑧明歴々(めいれきれき)たるもの、天地神祇(てんちじんぎ)、山川草木、ことごとく誠⑨のあらわれし姿なり。この身⑩詐偽(さぎ)なく、この心詐偽なし。これを⑪真実語(しんじつご)という。古に、⑫六大(ろくだい)みな響(ひびき)あり、というは、この真実語の徳なり。ただ、⑬業障(ごっしょう)ふかき者、妄想(もうそう)に掩(おお)われ、自己の私に役使(えきし)せられ、わずか両三人をあざむかんとして、天地神祇の冥(みょう)

助をうしない、⑭自性の功徳をも損減する。これを妄語というなり。

【現代語訳】

真実の道が、私たちが発する言語にあることの意味は極めて深い。人の声の響きは自ずから道理にかなっており、その本性を説き尽くすことはできない。また、文字による表現も尽きることなく際限がない。

人としてこの世に生まれ、聴覚器官が明了であるからこそ、言葉で教えを伝えることが可能であるし、文章によっても真実の道を伝えていくことができるのである。いま現に目の前に明らかに広がっている天地とその神々、山川草木という自然界、これらのすべてが誠の顕われたすがたなのである。その中に存在している人としてのわが身の五根（眼・耳・鼻・舌・身）は真実を知るものであり、わが心が分別することもみな真実である。これを偽りなく言葉にするならば、それこそが真実語なのだ。

古に「六大みな響あり」（弘法大師）とあるのは、真実語の徳を述べられたのである。ただ、罪となる悪い行いによって成仏できない者や、妄想に支配され、自己の中に我を認め、その我にとらわれて振り回され、わずか二、三人をだまそうとして天地の神々の助けを失い、本来具わっている功徳を減らしてしまう、これを妄語というのである。

【注】

①**口門**　口（言語・声）より仏法の道に入ることを説くので口門という。②**声韻、法爾**　声韻とは声の響き。法爾とは、本来のあるがままのすがた。声そのものが自然の響きであり、また、どのような音も法界の響きである。③**文字**　『人道随』には、ここは梵字とその意味について述べた、とある。「文字」を意味するサンスクリット語は〈akṣara〉であり、それは「無尽」というサンスクリット語〈akṣaya〉と共通しているので同義とされるのである。④**人界**　人間界。⑤**耳根**　聴覚器官で五根（眼根・耳根・鼻根・舌根・身根）の一。根とは感覚の能力の意。⑥**言音**　音

調。ここでは言葉としての音声。⑦**文辞を以て〜**『昌黎先生集序』に「文者貫道之器也」（文章は道を貫くものである）とある。昌黎先生とは韓退之のこと。韓退之＝韓愈（七六八―八二四）。唐時代の文士。⑧**明歴々**　はっきりしていること。明々白々。『人道随』に「見て知るべく、聞いて知るべく、思うて達すべき趣なり」とある。即ち、素直に見て聞いて、直心で悟るのである。⑨**誠**　嘘がないこと。真実。ありのまま。⑩**詐偽**　真実でないこと。いつわり。⑪**真実語**　不妄語と同義。真実の言葉。自然界の理に順じた言葉。⑫**六大みな響あり**　弘法大師『声字実相義』には「五大皆有レ響　十界具ニ言語一　六塵悉文字　法身是実相」とあるが、ここに尊者が「六大」（地・水・火・風・空・識）とされたのは、六塵（色・声・香・味・触・法）と五大の二句の意を取ってのことである。「大」とは物質を構成している元素の意。この「六大」とは、弘法大師の『即身成仏義』の一句「六大無礙常瑜伽」（六大は溶け合って常に一体となって現われている）とも関連してのことであろう。尊者直筆の原文に明らかに「六大」と記されており、さらに『人道随』でも同様である。⑬**業障**　業のさわり。悪業（罪となる悪い行い）によって正しい実践や成仏することが困難となること。⑭**自性**　それ自体が本来具有している本性。

不妄語—2

この中、大妄語あり小妄語あり。徳義①をいつわるを大妄語と名づく。実ならずして「われ禅定②を得たり、解脱③を得たり」、「天来④り龍来り鬼神⑤来りて我を供養す」という類⑥なり。世の常のいつわりを小妄語と名づく。見しことを見ずといい、見ざりしことを見しといい、恥ずべき罪悪を覆蔵⑦し、怨⑧をかくしてその人を友とする類なり。

もしこれによりて他の命を害すれば殺生⑨の罪をかぬ。自己の利をまねけば偸盗をかぬる等、準⑩じ知るべし。

【現代語訳】

不妄語には大妄語と小妄語がある。真理を曲げて言うことを大妄語という。たとえば、悟ってもいないのに「禅定で悟りを得た」と言ったり、「天の神や龍、神霊が降りて来て自分を供養する」、などと言うような類である。次に、世間でよくある日常の嘘を小妄語という。たとえば、見たことを見なかったと言い、見ていないことを見たと言ったり、罪となるような恥ずべき行為を隠したり、怨みがあるにもかかわらず、その気持ちを隠して友として交わることなどである。

もしこの妄語が原因で他者の命を奪うことになれば、妄語に殺生の罪が加わる。嘘をついて自分の利益を得るならば、妄語に偸盗が加わるなど、他の戒においても罪が重なる場合があることを知るべきである。

【注】

①**徳義をいつわる**　真実についていつわりを言うこと。『十法』では「徳義道義」とあり、その方が分かりやすいか。道を曲げて言うことである。仏法を正しく伝えないことは大妄語。②**禅定**　心身が深く統一され安楽になった状態。③**解脱**　煩悩や迷いの束縛から解き放たれた状態。④**天来り**　天界の神々が降りてくること。⑤**鬼神**　人間にはない特別な能力を持つ神霊。人の死後の霊魂をさす場合もある。

⑥類　これらは宗教者が自分の名誉や利益のために不思議な話を持ち出して衆生をだますことをいったのである。**⑦覆蔵**　罪を犯したことを隠して告白しないこと。**⑧怨を～**　「子曰く、巧言・令色・足恭なるは、左丘明これを恥ず。丘もまたこれを恥ず。怨みを匿してその人を友とするは、左丘明これを恥ず。丘もまたこれを恥ず」（『論語』・公冶長第五）（言葉がうまく、顔つきがよく、過度にうやうやしいのは左丘明は恥とした。丘（私）も恥とする。怨みをかくしてその人と友だちになるのは、左丘明は恥とした。丘（私）も恥とする）。**⑨殺生の罪をかかぬ**　罪が重なることを兼罪という。**⑩準じ知るべし**　他の戒においても兼罪があり、むしろ兼罪の例が多いほどである。

不妄語―3

元来①三業異途なし。身あるいは口業をつくり、あるいは意業をつくる。心あるいは口業をつくり、あるいは身業をつくる。この戒、口門のみならず。身の妄語あり、心の妄語あり。

身の妄語とは、位低き者の高貴の儀をなす。内恥づる事あるに、強いて平常の顔をつくる類なり。心の妄語とは、みづからかくあるべしと思い定めしことを、後、みだりに改むる類なり。②仏神に誓いしことは、さらに慎み守るべきなり。これも非を知りて改むる、あるいは劣を捨てて勝に順ずるは③違犯ならず。仏神の④感応もむなしかるまじきなり。

【現代語訳】

元来、身・口・意は別々にはたらくのではない。身体の動きが言葉を発するもとにもなり、または心の動きを表わしたりもする。また、心に思うことが言葉となって表われ、身体の動きともなる。そこで、不妄語戒は嘘を語ることに限るのではなく、身体による妄語があるし、また、心の妄語もあるのだ。

身体による妄語とは、位が低い者が高貴な者の振る舞いをすることや、心に恥じていることがあるのに、しいて平常の顔を取り繕うことなどである。心の妄語とは、自分でこのようにありたいと思い定めたことを、後になって大した理由もなく改めるようなことである。特に、仏や神に誓いを立てたことは、いっそう慎みまもるべきである。とはいっても、それがまちがいであったことを知って改めたり、拙い考えを捨てて勝れた方向に順っていくことは戒を犯すことにはならない。そのような向上心が仏神に通じないことはないであろう。

【注】

①**三業異途なし**　三業とは身業・口業・意業。業とは行為、はたらき。異途は異本には「二途」ともあり、三業は一体になってはたらいているということ。②**仏神**　本地垂迹説からの表現で、現在の「神仏」と同じ。③**違犯**　戒律に違反すること。④**感応**　感じ応ずること。仏・神と修行者との心が交流して、その力が現われること。「感」は衆生のはたらきで、「応」は神仏からのはたらき。

不妄語—4

よくこの戒をまもる者は、言語この徳あることを知る。この罪あることを知る。思うこと言うべく、言うこと行うべく、①二六時中、自ら欺かず、他を欺かず、また他の欺きを受けず。

②人主はこの徳を全くして恩を③海内にほどこす。もし④世天・神仙は⑤呪術を造作して、よく人民の厄を救い、その希願を満ず。もし⑥賢聖・菩薩は⑦旋陀羅尼を成就して、よく⑧字義・句義を具足す。「この真実語、不思議なり。観誦すれば⑩無明を除く」といえり。乃至法に自在を得て⑪三界の大導師となる。

【現代語訳】

よくこの戒をまもる者は、すべての言語に徳が具わっていることを知る。言語に軽率であれば罪となることを知る。思うことを素直に言い、言ったことは実行し、常に自分を欺（あざむ）くことなく、他者をも欺かず、また、他者から欺かれることもないのである。

人の上に立つ者は言語の徳を全うして、その徳を世界中に施す。神々や聖者は呪術で人々の苦しみを救い、望みを叶える。賢聖や菩薩は旋陀羅尼を誦（とな）えるが、その陀羅尼は一字一句まで深い意味を具えているのである。このような境涯の言語を真実語というのであるが、これを弘法大師は「真言は不思議なり、観誦すれば無明を除く」（真実の言葉である真言には不思議な力がある。これを観想し誦えるならば迷いの根源を除く）と説いている。さらに自在の心を得て、迷っている衆生の大いなる導師となるのである。

【注】

①**二六時中**　昔は十二刻であったので、二×六（＝十二）と表現した。現在の二十四時間で「四六時中」というに同じ。②**人主**　君主。人君。社会的に立場が上であればあるほど、妄語の罪が深いことを肝に銘じておくべきである。③**海内**

四海の内。須弥山をめぐる四方の海を四海という。天下。④**世天・神仙**　諸々の神々と聖者。⑤**呪術**　陀羅尼を唱えて不可思議のはたらきを示し、事物に変化を起こさせること。⑥**賢聖**　賢は見道（真理を照見する位）に至らないが悪を捨離した者。聖は見道以上に達した者。⑦**旋陀羅尼**　旋陀羅尼字輪という。陀羅尼の一々の梵字の意義を順と逆の二方向に旋転して解釈すること。またこれを観想する。⑧**字義・句義**　ともに密教の用語で、字義とは真言の一字一字の深秘的解釈。句義とは真言の一句一句の意味。「この法門は一字の中に無量の法を解し、無量の法をのべて、これを一字に帰する等なり」（『人道随』）とある。⑨**真実語、不思議〜**　弘法大師『般若心経秘鍵』では「真言は不思議なり、観誦すれば無明を除く（尊者は真言のことを真実語と表現）」。これに続いて「一字に千理を含み、即身に法如を証す」（如来のみずからの内証を示す真言こそ、あらゆる思議を絶したもの。これを観想し誦えることにより無明の煩悩を除く。その真言の一字一字に無量の義理を含み、それによって、この肉身のままで法の真実を証る）とある。ここで尊者は弘法大師の文中の「真言」を「真実語」と換言している。これによって密教で唱える真言が不妄語（真実語）の究極であることを真言密教徒に知らせたのである。このことは『十法』（不妄語戒）に「妄語・綺語、小唄・浄瑠璃などに随順する人が、真言陀羅尼に功験あろう理はない。真言宗の中には、ことに口業を慎む人を得まほしきことじゃ」と呵してある。

⑩**無明** 煩悩が生ずる根源であり、迷っているために真実を理解できないこと。

⑪**三界** 欲界・色界・無色界の三つの迷いの世界。欲界は、婬欲や食欲などの欲の盛んな世界。地獄・餓鬼・畜生・修羅・人間・天上界の六趣に生きる者。色界は、欲を離れて清らかな世界に住んでいるが色（物質）の残る世界に住む。無色界は、物質を超えて禅定に入った世界で、最高の境地（有頂天）は非想非非想（処）天。

第五　不綺語

不綺語——1

道は古今泯[1]ぜず。理はことにふれて壅塞[2]なし。故に有道[3]の士は、二六時中その楽[4]しみありて、到るところに随逐す。古に、「南風[5]の薫れる我が民の慍をとくべし」というは、在位の儀なり。「肱[6]を曲げて枕とするも楽しみあり」というは、布衣[7]の志なり。樹下に結跏し月下に経行し、禅定・智慧相応するは出世道の趣なり。ただ凡庸の徒、この楽しみを外にし、別に戯謔[8]をこのむ。世にいわゆる、かるぐち、さるがう[9]こと、非時の言論、鄙媟[10]の文辞、みなこの戒の制なり。

【現代語訳】

道というものは昔も今も尽きることなく変化することもない。道の理はすべてのものごとに行きわたっている。それで道を修める者には常に楽しみがあり、道の楽しみは到るところにあるのである。古に「南から風が薫れば、わが民の怒りを解く」とは、帝王（舜）が儀式のときに歌った歌詞である。「肱を曲げて枕にすることにも楽しみがある」というのは、庶民の心である。樹下で坐禅して経行し、禅定と智慧が一つになるのは僧の究極の楽しみである。ごく平凡な人たちが本来の楽しみをわすれて、世間で言うところの、かる口や戯れて冗談を言うこと、不適当な時に言葉を発すること、また、人を軽蔑したような文章は、すべてこの不綺語戒で制するところである。

【注】

①泯　尽きる。ほろびる。『人となる道略語』には「道は古今たがわず」とある。『人道随』には「大道は古今の別なく、万国に通じて国家人民を利益する道なり。もし

古今別あらば、径路というべし。大道というべからず。万国に通ぜずば小道たるべし。大道にはあらず」とある。②**壅塞**　壅＝塞。ふさがる。壅塞なしとは、すべての事（物）と理とが一如であること。尊者は常に「物あり理あり」と語る。理と道は同じ。③**有道の士**『人道随』に「みちある人と訓ずべし」とある。④**楽しみ**「その楽しみとは道理の楽しみなり」（『人道随』）とある。『十法』の不綺語戒に説かれる諸々の楽しみを参照。⑤**南風の～**『礼記』「舜弾五弦之琴而歌南風之詩。南風之歌曰、南風之薫兮、可以解吾民之慍兮。南風之時兮、可以阜吾民之財兮」（むかし、舜は五弦の琴を弾いて、「南風のうた」を歌った。その南風の歌詞にいう、南から風が薫れば、わが民の怒りを解く。南から風の吹けば、わが民のたからを殖やす）。それで昔の楽師は南に面した丘で春を迎える儀式を行ったという（王が行わせた）。⑥**肱を～**『論語』（述而第七）「飯蔬食飲水曲肱而枕之、楽亦在其中矣。不義而富且貴、於我如浮雲」（粗末な食事をして水を飲み、肱を曲げてそれを枕にする。楽しみはそのようなことにもあるものである。道ならぬことで金持ちになったり、身分が高くなったりするのは、私には浮雲のように（はかない）ものである）。⑦**布衣**　庶民。⑧**戯諠**　たわむれること。

⑨**さるがう**　散楽う・猿楽う＝おどける。冗談を言う。⑩**鄙媟**　けがす。軽蔑的な。鄙＝いやしい。媟＝けがす。

不綺語戒—2

諸戒尊尚なる中に、この法もっともいちじるし。ただ①大人のみその徳を全くすべし。この戒また身・口にわたる。故に律中に身口綺戒と名づく。近世の②誹諧、③発句、④狂詩、⑤情詩の類、みな綺語に摂すべし。男子なる者、女人の装をなす。女人なる者、男子の儀をなす。この国にありて⑥外夷の風を習う。出家人にして在家の威儀をまねぶ。みな⑦身綺に摂すべし。⑧非類の衣服、⑨非儀の形相、みなすまじきなり。うたい物の類、国の礼式に用い来れるは、綺語と名づくべきにあらず。一切戯弄にわたるうたいものには心を寄すべからず。

【現代語訳】

すべての戒はこの上なく尊いものであるが、その中でもこの不綺語戒は最もそれが明白である。この不綺語戒は、りっぱな人格をもつ人でなければその徳を全うすることができないのだ。この戒もまた、身業と口業に関連している。それで律の中に身口綺戒と名づけてある。

近世の連歌、俳句、狂詩、情詩の類、みな綺語に属す。男性が女性の身なりをしたり、女性が男性の身なりをすることや、わが国にいながら外国の風習に随うこと、出家の僧でありながら在家の行いをすること、これらはすべて身綺に属す。立場にふさわしくない衣服を着たり、作法から外れた格好はすべきではない。歌詞のある歌の類は、国の礼儀を行う正式な作法として用いられてきたのであれば綺語とはならない。軽々しくて戯れた歌詞のものには心を寄せてはならない。

【注】

①**大人**　徳のあるりっぱな人。「大人のみその徳を全くす」ということは、不綺語戒は並の人ではたもち難いことを意味する。その理由は『十法』（不綺語戒）に「この戒は他の歓笑を催す（人を喜ばせ笑わせたりする）なれば、その相隠る」とあるように、この戒の存在に気付きにくいからである。②**誹諧**　俳諧の連歌。③**発句**　俳諧の第一句が独立して一作品として作られたもの＝俳句。④**狂詩**　狂歌を漢詩で表現したもの。⑤**情詩**　恋愛の詩。⑥**外夷**　外国。⑦**身綺**　身体の綺語。身綺戒。⑧**非類の衣服**　自分の立場（分）の範疇からは外れる衣服。⑨**非儀**　作法通りでないもの。

不綺語――3

近世軽躁（きょうそう）なる者、衆（しゅ）をいざなう①思いありて、道を戯論（けろん）に寓（ぐう）する多し。この輩(ともがら)みな法の賊(ぞく)なり。およそ民の憂(うれ)いは、②淳厚(じゅんこう)を失いて③薄情(はくじょう)に走るにあり。ただこの道のみありてその④邪曲(じゃごく)をふせぐべし。もし道を戯論にまじうれば、この道も⑤利口(りこう)となる。「利口の邦家(ほうか)をくつがえすは君子にくむ」といえり。⑥経中に、「乳(にゅう)もし毒(どく)を雑(ざっ)すれば、醍醐(だいご)に至りても人を害す」と説けり。

楽器は⑦金石糸竹(きんせきしちく)等みな心を寄するに咎(とが)なし。「⑧風(ふう)をうつし俗を易(か)うるは楽(がく)より善(よ)きはなし」といえり。また「⑨楽(がく)を作りて天に応ず」ともいえり。その中、「⑩大楽(たいがく)は必ず易(い)なり。大礼(たいれい)は必ず簡(かん)なり」。⑪操(そう)もし煩細(はんさい)なれば淫声(いんせい)に近し。近世の⑫三絃(さんげん)・⑬胡弓(こきゅう)等、大人(たいじん)の弄(もてあそ)ぶべきならず。

詩歌は、その⑭妙処(みょうしょ)に至りては道のたすけともなるべし。古より「⑮天地を動かし鬼神(きじん)をも感ぜしむ」といえり。風雲(ふううん)に想(おも)いを寄せて⑯高逸(こういつ)の気象(きしょう)をうつし出(いだ)し、花鳥(かちょう)に情を寓(ぐう)して道の幽遠(ゆうえん)を述ぶる等なり。この中にも、ことば華麗を好み、情(こころ)⑰偽飾(ぎじき)にわたるは綺語に摂すべし。

【現代語訳】

近世の軽はずみで徳がない僧侶は、大衆の関心を集めようとして面白おかしく道を説く者が多い。これはみな法を売り物にする者たちである。もともと人々の悲しみは、素朴さや人情味が薄くなってしまったことに原因がある。唯一この仏法の正しい道によって、邪な道に曲がらないようにするのである。もし、道を戯れて説くならば、道もこざかしい知恵にすぎなくなる。「口達者な者が国家を覆(くつがえ)してしまうことは君子が憎むことである」と(孔子も)言っている。経典(『涅槃経』)の中では、「牛乳の中に毒が雑ざっていれば、醍醐のような薬に熟しても人に害をおよぼす」と説いている。正法に私見を加えてはならないということだ。

金石糸竹など、どの楽器にも心を寄せてもよい。(『礼記(らいき)』には)「民の風俗や習慣を改めるには音楽が最適である」という。また、「音楽を造り出して天の徳を表わす」ともいう。その中で「優れた音楽は必ず平易であり、重大な礼儀は必ず(その作法が)簡素である」とある。演奏が複雑であれば下品となる。近世の三味線や胡弓などはりっぱな人物が弄ぶものではない。

詩歌は妙処に至ったものならば道を理解する助けともなる。古（『毛詩』）より「天地を動かし鬼神を感じさせるものは詩よりほかにはない」という。風雲に想いを寄せて俗世を離れた趣を表現し、花鳥に心を託して道の奥深さを吐露するなどである。しかしその中で言葉が華麗であったり、心に偽りがあるならば綺語となるのである。

【注】

①**いざなう思い**　『人道随』に「衆を誘うとは、法を売るのおもい切なるなり」とある。②**淳厚**　素朴で人情にあつい。人間味がある。③**薄情**　なさけが薄い。人情にとぼしい。不実（情愛がない。まことがない）。淳厚の対。④**邪曲**　性がよこしまで曲がっていること。⑤**利口の邦家を～**　利口とは、口先の達者なこと。また、その者。こざかしい知恵。『論語』（陽貨第十七）に「悪（にくム）二紫之奪ウレ朱ヲ也。悪ム三鄭声之乱ルヲ二雅楽ヲ一也。悪ム下利口之覆スヲ二邦家ヲ一者ヲ上」（紫が朱を圧倒するのが憎い。鄭の国の音楽が雅楽を乱すのが憎い。口達者な者が国家をひっくり返すのが憎い）――本物と紛らわしい偽物こそ憎悪さるべきである、と教えたもの。紫は間色で朱は

正色。鄭の国の音楽は騒がしいものだという（『論語』衛霊公第十五）に「鄭声は淫」とある）。雅楽は古典的な音楽。これを『人道随』には「この喩えをもて法に凡意を加ふまじきことを示すなり」とある。⑥**経中に～**　『大般涅槃経』（四十巻本・巻第二十九）に「如下有レ人置二毒乳中一乃至醍醐皆悉有上レ毒」（人が乳の中に毒を入れるならば醍醐に熟してもなお毒は存在する）。醍醐とは、五味（乳・酪・生酥・熟酥・醍醐）の一つで最高の乳製品であるが、薬としても用いられる。⑦**金石糸竹**　楽器。金石＝金属や石でできた楽器。糸竹＝糸は琴・三味線などの弦楽器。『十法』には「糸竹管絃」とあるが、いずれも楽器の代表としてあげたのである。古代中国では楽器は、金、石、糸、竹、匏（ほう）、土（ど）、革（かく）、木（ぼく）の八種類の楽器が考えられていた。⑧**風をうつし～**　移風易俗（いふうえきぞく）（風（ふう）を移し俗を易（か）う）とは、風俗や習慣を改めて、民の心を善にするということ。『礼記（らいき）』（楽記（がっき））に「移レ風易レ俗天下皆寧。故曰楽者楽也」（風俗を改めることによって世の中が安らかになる。音楽とは楽しむものである）。「楽者楽也」ということは、「夫楽者楽也。人情之所レ不レ能レ免也。楽必発二於声音一、形二於動静一人之道也」（音楽とは楽しむことであって、人の心は音楽を欲するものである。そして心が楽しめば必ず声や音や行動に現われてくるのが人の道である）とある。また、その音楽については、「楽者聖人之所楽。而可以善民心。其感人深。其風移俗易」（『同』）（音楽は聖人が楽しむものであるが、これを人民に聞かせることによって民の心を善に向わしめる。音楽が人を深く感化し風俗を善に改めることになる）とある。⑨**楽を作りて〜**「楽者敦和率神而従天。礼者弁宜居鬼而従地。故聖人作楽以応天。作礼以配地。礼楽明備天地官矣」（『礼記』）（音楽は和合の力に富み、神気と天の徳を備え、礼儀は秩序を保つ力に富み、鬼気と地の性能を備える。それ故、むかし聖人は音楽を造り出して天の徳を表わし、礼儀を制定して地の徳を表わし、こうして礼楽の設備を明らかにして、天地の機能を表示したのである）。⑩**大楽は〜** 優れた音楽は必ず（その曲折が）平易であり、重大な礼儀は必ず（その作法が）簡素である。⑪**操** 「字書に曰く、風調を操と曰う。また琴の曲なり」（『人道随』）。⑫**三絃** 三味線。⑬**胡弓** 三味線に似た弦が三〜四本の日本の伝統楽器。中国の「二胡」とは別の楽器。⑭**妙処** 『十法』（不綺語戒）に「心を用うること専一なれば、その中に妙処を得る。妙処を得れば、天を楽しみ道を楽しむ場所ある」とあり、また「心さえ用うれば用うるだけ妙を得る。何度筆を把っても針を持っても、心を用いぬ者は終に上手にはならぬ。心というものは形はなけれども、用うるに随って顕われるものじゃ」(『法語集』・三帰)とある。⑮**天地を〜**「動[カシ]二天地[ヲ]一感[ゼシムルハ]二鬼神[ヲ]一莫[シ]レ近[キハ]二於詩[ヨリ]一」(天地を動かし鬼神を感じさせるものは詩よりほかにはない)(『毛詩』・小序)。⑯**高逸の気象** 世俗を離れ、高くすぐれていること。気象はようす、趣。⑰**偽飾** いつわりかざる。偽=つくりごと。『人道』(第二編)に「口綺とは、言語実をうしのうて偽飾あるをいう」とある。続いて「身綺とは、威儀常にたごうて度を乱るをいう」とある。

不綺語—4

その要は、人々慎(つつし)み守りて①淳厚(じゅんこう)の徳を失わざるにあり。世にいわゆる②伶利(れいり)③俊邁(しゅんまい)、博学文才、④諸の⑤風雅の類、みな末(すえ)が末なり。よくこの戒をまもる者は、世に処して他のあなどり少なし。日夜に人知らぬ楽(たのしみ)あり。

山中に住めば山岳の興あり。海辺に居れば滄海の趣を知る。古人も、「⑥仁者山を好む、智者水を楽しむ」といえり。菩薩の境界に至りては、⑦徳雲比丘、妙峰の別峰に等虚空界の仏身を見、⑧海雲比丘、海門国の渡頭に⑨普眼契経を聞くなり。

【現代語訳】

肝要なことは、みなが慎みまもって、真心があり人情に厚い徳を失わないことである。世間でいうところの賢くて人よりもすぐれ、博学で文筆の才能があり、俗っぽくないことなどは、末端のことである。よくこの不綺語戒をまもる者は、世の中で他の人に侮られることが少ない。それに、他人には分からない楽しみが常に伴うものである。

山中に住めば山岳の趣があるし、海辺に居ると滄海（大海）の趣を知る。古人（『論語』）も、「仁の人は山を好み、智の人は水を楽しむ」という。菩薩の境地に至れば、たとえば南方の妙峰に住む徳雲比丘は、十方の虚空に数限りない仏を見るし、海門という国に住む海雲比丘は、大海に出現した如来の説法を聞くのである。

【注】

①**淳厚**　素朴で人情にあつい。②**伶利**　賢いこと。利発。③**俊邁**　才知がすぐれていること、またはその人。邁＝超。④**文才**　文章を巧みに作る才能。文筆の才能。『人道随』の異本に「この中、伶利俊邁等は生質（生まれつきの性質）の美なり。博学文才等は芸術の徳なり。これは綺語に比対すべきならねども、謹慎篤実の風よりみれば末が末というべし」とある。⑤**風雅**　卑（鄙）俗（品がなく俗っぽい）でないこと。⑥**仁者山を～**　『論語』（雍也第六）に「知者楽ㇾ水、仁者楽ㇾ山。知者動仁者静。知者楽仁者寿」（智の人は〈流動的だから〉水を好み、仁の人は〈安らかにゆったりしているから〉山を楽しむ。智の人は動き、仁の人は静かである。智の人は楽しみ、仁の人は長生きをする）。⑦**徳雲比丘～**　『華厳経』（入法界品）「善男子、於二此南方一有二一国

土名為勝楽。其国有山名曰妙峰。於彼山中有一比丘名曰徳雲。汝可往問、菩薩云何学菩薩行、云何修菩薩行。乃至菩薩云何於普賢行疾（すみやか）得円満。徳雲比丘当為汝説。乃至、時徳雲比丘告善財言。善男子我得自在決定解力。常念一切諸仏総持、一切諸仏正法、常見一切諸仏。於東方見一仏乃至十仏百千仏乃至不可説不可説仏刹微塵（ぶっせつみじんじゅ）数仏。如東方南西北方四維上下亦復如是等」。

⑧海雲比丘～ 『華厳経』（入法界品）「善男子、南方有国名云海門。彼有比丘名為海雲。汝往彼問。乃至海雲比丘告善財言。善男子、我住此海門国十有二年、常以大海為其境界。所謂思惟大海広大無等。我作是念時大蓮花出現。彼華上有如来結跏趺坐。即申右手摩我頂、為我演説普眼法門開示一切如来境界等」。

⑨普眼契経 経典のこと。契＝かなう。「仏経は理にかない、機（素質）にかなう故に、総じて契経というなり」（『人道随』）。明慧上人の『涅槃講式』に「普眼契経」とあり。

第六　不悪口

不悪口―1

この戒は①謹慎(きんしん)の徳、②柔順(にゅうじゅん)の功なり。盲人(もうじん)をめしいと③罵(の)り、おろかなる者を愚人(ぐにん)と罵る類、この戒の制(せい)なり。

物を見たがえしを盲(めしい)と罵り、声を聞きたがえしを聾(つんぼ)と罵る類を増上(ぞうじょう)の犯(ぼん)とす。もし人を畜生に比(ひ)し、智ある者、徳ある者を④罵詈(めり)するは、さらに恐るべきなり。経論の中に、「⑤口より斧(おの)を出し、その身を破り、その国を亡ぼす」と説けり。

【現代語訳】

この不悪口戒の趣意は、謹慎（言動が控えめである）が立派な行ないであることと、柔順（優しく素直）に功徳があることである。盲人を「めしい」と罵ったり、愚かな人を愚人と罵る類に対して、この戒が制定されるのである。

ものを見違えたことで「盲」と罵ったり、声を聞き違えたことで聾と罵ったりすることはより重い罪を犯すことである。人を畜生と比べたり、知恵がある者や徳がある者を罵ることは、さらに慎むべきである。経論の中に、「口より斧を出し、その身を滅ぼし、国を亡ぼす」と説いてある。

【注】

①**謹慎**　つつしむ。言動を控えめにすること。「例を挙げば漢の万石君が類なり」（『人道随』）とある。万石君＝石奮（紀元前二一九〜紀元前一二四）。前漢の人。息子や親族が罪を犯すと、責めずに食事をとらなかったという。『十法』（不綺語戒）においては、この世の真の「たのしみを楽しむ」ところに至るには謹慎篤実（慎み

があり誠実である）の生活が必須であると説かれる。詳説すれば「愚かなる者は謹慎は窮屈なるように思い、放逸は安楽なるように思う。そうでない。誠の楽しみは謹慎篤実の上にありて、燕安放逸（くつろいで自由気まま）のところにはない。愚かなる者は謹慎篤実なれば、不器量なるように思い、倨傲大胆（おごった態度で度胸があるようす）なれば一器量あるように思う。そうでない。誠の度量は謹慎篤実の上にありて、倨傲大胆のところにはなきじゃ」（『十法』不悪口戒）となる。②**柔順**　優しくて素直。「専レ気致レ柔能嬰児乎」（呼吸に集中し身体を柔軟にすれば赤子のようであろう）（『老子』・第十章）。また、「柔勝レ剛弱勝レ強」（『同』・第七十八章）と『人道随』にはこのようにあるが、現行のテキストでは「弱之勝レ強、柔之勝レ剛」（弱いものが強いものに打ち勝つ。柔らかいものがかたいものに打ち勝つ）である。　③**罵り**　罵ること。　④**罵詈**　罵も詈も、ののしる意。　⑤**口より斧～**　「士夫生二世間一。斧在二口中一生、還自斬二其身一」（『雑阿含経』）、「共相誹謗罵詈。口如二刀剣一」（『四分律』）。この例文は多くの経典に見られる。その他『十誦律』『智度論』『正法念経』『出曜経』等にも。『スッタニパータ』（六五七）には「人が生まれたときには、実に口の中には斧が生じている。愚者は悪口を言って、その斧によって自分を斬り割くのである」とある。ここで尊者は差別的な言葉で他人を罵ることを悪口としている。『十法』（不悪口戒）でも次のように厳しく戒めている。「形不具足なる者をかたわものという類、ことごとくこの戒の違犯じゃ……軽躁なる者を猿に比し、暴悪なる者を豺狼に比し、愚昧なる者を虫蟻に比して毀呰（そしる）する類は、もっともはなはだしきことじゃ」。これは尊者が人々に対して全く差別の意向がなかったことの証左である。（本書「目次」に続く「注記」参照。）

不悪口—2

よくこの戒をまもる者は、顔色つねに和す。音声つねに和す。①小児をもあなどらず、畜生をも詈らず、言辞②上分を取らず、威儀麁獷ならず。たまたま③苦言・呵責あるは、その人を④憐愍するの深きなり。

よく他の⑤諫言を入る。⑥童謡をもその趣を察す。⑦柔よく剛を制することを知る。

亢龍の悔あることを知る。事は先人を称す。この中、祖宗の徳を我が身に伝えて、これを児孫に遺す。功は他人に帰す。この中、衆美を具足して天命ながく存す。まもりて常にまもれば終身災害なし。

この戒善、生々のところに随逐して、戦闘乱亡の憂いなし。口過ながく絶して言辞雄亮なり。乃至梵音清暢、一切諸機に透るの徳を成就すべし。

【現代語訳】

よくこの戒をまもる者は、表情が常に穏やかである。声も柔らかい。子どもだからと言って侮ることなく、動物に対しても罵ることなく、威張った言い方をせず、態度も荒々しくない。たまたま苦言を呈したり、叱ることがあっても、その人を憐れむ心が深いためである。

また、心が柔軟であるから目下の人の忠告も素直に受け入れる。子どもが謡う歌にもその徳を察知して歌われるほどである。柔らかいものが堅いものに勝つことを知る。地位を極めた者は（言葉に）気を付けなければ失敗して後悔することになると知る。事業は先人の道をよしとする。この中で歴代の君主の徳を自己のものとして子孫に遺していく。功績は自己のものとばかりにせず、他人に譲る。そのような多くの善行による功徳を得て天命を受ける。これを常にまもり続ければ生涯災いがないのである。

この戒をたもつことによる善功徳は、何度生まれ変わってもつき随ってゆき、戦争で戦うことや国が乱れて滅びることに巻き込まれる心配もない。言語の過ちを犯すことなく、発する言葉は明確で真実を語り、声は清らかでのびやかであるから、すべての人々に理解されるという徳を成就するのである。

【注】

①小児をも～　「孔子家児不知罵。曾子家児不知打」（『説苑』。前漢の劉向の撰ないし編による故事・説話集）。**②上分**　驕る。威張る。「若有所言語須謙下。不得取上分」（『教誡律儀』）。謙下＝へりくだる。上分はその反対語で思い上

がること。傲り。 ③**苦言** 相手のために諫める言葉。 ④**憐愍** あわれみ。同情。憐（あわれむ。いとおしみかわいがる）、愍（あわれむ。ふびんに思う）。⑤**諫言** 目上の人の過失などを指摘して忠告すること、またその言葉。余裕があって柔軟な心だからである。 ⑥**童謡** 『人道随』に「童謡をもその趣を察すとは、よく他を用うるの趣なり」とある。そこに『列子』（八巻。道家思想）を引いて、「堯微(び)服(ふく)シテ遊ブ二康衢(こうく)ニ一。童児謡テ曰ク、立ツ二我ガ蒸民ヲ一、莫シレ匪ルコト二爾ガ極ニ一。不レ識ラ不レ知ラ。順ウ二帝之則(のり)ニ一」（堯は微服のお忍びで大きな路に出かけると、童児が「我が（天下の）衆庶を安定させ、しっかりと成り立たせる。帝王の徳でないことはない。知らず知らずのうちに帝王のおきてに順う」と謡っていた）と。微服＝身分の高い人が人目に付かないように粗末な服装をすること。康衢＝華やかな大通り。蒸民＝民衆。極＝中正至極の徳。 ⑦**柔よく剛を制す** 「柔よく剛を制することを知るとは、事理に達するなり」と『人道随』にある。『老子』（第七十八章）には「天下ニ莫シレ柔二弱ナルハ於水ヨリ一。而攻ムルニ二堅強ナルヲ者一、莫シ二之能ク勝ツコト一。以テ三其ノ無キヲ二以テ易ウルレ之ニ」（この世界に水よりも柔らかく弱いものはない。しかし、堅く強いものを攻めることにおいて水に勝つことがない。ほかにその代わりになるものはないのである）とある。 ⑧**亢龍の悔あること～** 『易』（乾卦）に、「上九亢龍有レ悔」（極めて尊貴の位地にある者は、戒めなければ破れる悔いあり）というたとえ。易の上九を亢龍に喩えていう。そこで《亢龍の悔いある》とは、天上に上りつめた龍は、もう行く所がなく下界に降下するだけである、の意。尊貴を窮めたときには気を付けなければ、失敗する恐れがあることのたとえ。⑨**事は先人を称す**　「古今の道を知るなり」（『人道随』）とある。⑩**祖宗**　歴代の君主。⑪**衆美**　衆善。たくさんの善事。⑫**戒善**　戒をまもることによる果報としての功徳。⑬**生々**　生まれ変わり死に変わりして輪廻していくこと。⑭**雄亮**　すぐれて真実であること。雄＝つよい。亮＝あきらか。⑮**梵音**　清らかな音声。梵＝神聖・清浄なもの。釈尊は六十四種の梵音の徳があるという。⑯**清暢**　清らかでのびやかなこと。⑰**諸機に透る**　『人道随』には「諸の羅漢、舎利弗も人機をたがうることあり。ただ仏世尊よく衆生の機に透ること、大海の潮の時をたがえざる如しといえり」とある。

第七　不両舌

友愛親好の心、彼此和合の儀をこの戒の趣とす。およそ事々物々、みな相応する辺に成立し、違反する辺に壊滅す。水よく舟を浮かべ、また舟をくつがえす。①薬よく病を療し、また身命を害す。万般ことごとくしかなり。これをこの②戒持犯の儀とす。

他の言を、彼に伝えここに伝えて、その親好を破する。これを両舌という。諸悪の中に、この悪もっともいやし。③小人・鄙女に多きことなり。よくこの戒をまもる者は、④天地の儀をも知り、⑤治乱の数をもわきまえ、⑥陰陽の趣、⑦万物の情にも達すべし。君臣へだてなきこと一体のごとく、四海相したしむこと一家のごとし。

遠くは真正の道に達して、凡聖二ならず、迷悟へだてなし。[8]一切世間の治生産業、ことごとく取り用いて、わが[9]実相智印となす。一切[10]天魔外道みな摂し来りて[11]大眷属内眷属となす。華厳の中に[12]依正たがいに摂し、法華の中に、[13]本跡融会す。その経名を受持するも、福不可量なりといえり。

【現代語訳】

他の人との交流における親しみの情、また、相対するものごとが和合している姿を、この不両舌戒の趣意とする。すべてのものごとは結合することで成立し、反発することで崩壊する。たとえば、水は舟を浮かべるが、舟を覆すこともある。薬は病を治すが、毒となって命を奪うこともある。すべてこの通りである。これらを不両舌戒の持戒と破戒の様相とする。

他人の言葉をあちらに伝えたりこちらに伝えたりして、その両者の親交を壊してしまうことを両舌（二枚舌）という。悪行の中でも、この悪が最もいやしいものである。これは品性に欠ける人や、心のいやしい人に多いのである。よくこの戒をまもる者は、天地の法則をも知り、世界の平和と混乱の道理をも心得て、陰と陽とのありさま、また、万物（生きとし生けるもの・物）の心（本質）にも達するのである。君臣の間に隔てがなく一体であるように、世界が互いに親しんで一家であるかのようである。

真の仏法に達すれば、凡夫と仏とは別の存在ではなく、迷いと悟りも本来は区別がないと知る。俗世間でのあらゆる仕事も真実のありのままのすがたとして活きてくる。仏道の修行を妨げる天魔や外道さえもすべて取り込んで従者とする。たとえば、『華厳経』の中では依報と正報が平等であり、『法華経』では本門と迹門は一つである。その経典の名を称えることですら量り知れない福徳があるという。

【注】

①**薬よく～**　『十法』（不綺語戒）に「人参・白朮も、時によりて害ある。砒礵・斑猫も、その病に当りては薬となるじゃ」とある。また、「和合の妙」ともある。②

持犯　持戒と破戒。　③**小人・鄙女**　小人は大人の対。徳のない人のこと。鄙はいやしい、下品なこと。　④**天地の儀をも知り**　「『易』・『老子』の意なり」（『人道随』）とある。また、「『易』の一書は全く天地の義なり」（『同』）ともあるように、『易』は自然の道理を説いた書物である。『老子』の中から関連する文を尊者は引いているのであげてみると、「飄風不レ終レ朝。驟雨不レ終レ日。孰為レ此者天地」（大風は午前中のうちにたいていおさまってしまうもの、にわか雨は一日中続くことがない。これらすべてのことを、一体、誰がもたらしているのか。天地である）（『老子』・第二十三章）。飄風＝急に激しく吹く風。つむじ風。驟雨＝にわか雨。夕立。また、「天地相合以降二甘露一。民莫二之令一而自均」（天地は力を合わせて甘露を降らすことだろう。だれも命令しなくても、その国の民は和合することだろう）（『老子』・第三十二章）。　⑤**治乱の数**　『人道随』に「阿含経の意なり」とある。これは世界の成立と壊滅の事をさす。詳しくは『十法』の不瞋恚戒参照。小の三災、大の三災をさす。数とは、条理、道理、運命。　⑥**陰陽の趣**　『易』に説かれている自然の理・天道をさす。　⑦**万物の情**　「馬に乗る者、馬の情に達せざれば、誠に乗り得ることあたわず。牛を使う者、牛の情を得て、牛を馴れしむべしといえり。民間田夫父老の言に、牛を使う者、大抵十五、六歳より牛を使い田を耕す。三十余に至りて初めて牛の情を得。この者、田を耕すに、牛、労せずして田土整い、畦畔斉整にして矩度(くど)にあたるといえり。『荘子』の庖丁が牛を做(さ)く。輪扁(りんぺん)が輪を斲(き)るも、その理なり」（『人道随』）。これらの境地を尊者は「妙処」という。庖丁解牛(ほうていかいぎゅう)……「庖」＝料理人。丁＝人名（料理人の丁という人）。文恵君(ぶんけいくん)（恵王）が「丁が牛を解体するとその捌く音が音楽（リズムがある）のようだ」と言った。丁は「普通の料理人が月に一度庖丁を変える。骨に当るからだ。私は骨の隙間に庖丁を滑り込ませるので十九年使っても研ぎたてのままである」といった。輪扁……輪（車大工）の扁＝人名。斉の桓公に、車輪を削る微妙な技術は口では語れないと言った。⑧**一切世間～**　『法華経』（法師功徳品）に「一切治生産業不下与二実相一違背(せ)上」。⑨**実相智印**　実相印。諸法実相の理は仏説であることを証明する基準となるので印という。実相とは真実のありのままのすがた。⑩**天魔外道**　天子魔の略。天界の魔王。他化(たけ)自在天魔とも。外道とは仏教以外の教えを信仰する人。異教徒。⑪**大眷属内眷属**　大眷属とは文殊普賢等（導きを助ける）。内眷属とは迦葉阿難等（常に仕える）。⑫**依正**　依＝依報＝世界国土。正報＝有情の心身。『人道随』に「華厳の法門の高座より菩薩現じ、毛孔に国土をあらわすといえり」とある。依正不二門が根本。⑬**本跡融会**『人道随』に「本門とは久遠成道の仏なり。跡門とは王宮誕生迦耶成道の仏なり。法華の法門、本門あるところとして跡を現ぜざるなく、跡門のあるところ必ずこれ本門のあるところなり」とある。（跡＝迹）。本門と迹門――『法華経』（如来寿量品）で釈尊の本迹が説かれている。本門＝真の仏は久遠の昔に成道したものとして、仏の本地・根源・本体（久遠の本仏）を表わす。迹門＝この世に現われた仏は、本仏が衆生を導くため本地から迹を垂れたものとして、本仏の応現・垂迹とする。

第八　不貪欲

不貪欲—1

法至りてあきらかなり。ただみずから掩わるる者みずからくらますのみ。天①覆うて厭わず。地載せて功とせず。その貪欲・瞋恚あるは、ただ人の②私なるのみ。③邪智妄想あるは、その私の長ぜるのみ。日④、常に照らしてみずからその恩を知らず。水、常に潤してみずから徳とせず。世に⑤煩惑うすき者あらば、道⑥の尊尚なることを知るべし。

【現代語訳】

真実というのは、極めて明らかなものである。ただ煩悩に覆われている者が、自分で迷って真実が見えなくなっているだけである。天はこの世を覆って厭うことがなく、地はこの世のすべてを載せているが、それを功績とすることはない。貪欲や瞋恚があるのは、ただ私意（自己に執着した見解）があるからである。誤った知恵や邪見があるのは、自我への執着が増長しただけのことだ。太陽は常に照らしながら、一切衆生がその恩恵を受けていることを知らない。水は常にものを潤しているが、それを自分の徳であるとも思わない。世間に煩悩が薄い者がいるならば、その人こそ道がどれほど尊いものであるかを知るであろう。

【注】

①**天覆うて〜**　天覆地載。『中庸』に「天はこの世を覆い、地はこの世を載せて支えている」とある。「厭わず、功とせず」というのは、慈悲や寛容の心をいう。「功とせず」とは、自分のはたらきの功績を意識せず傲りもないこと。②**私**　私意。自己（我）に執着した見解。『十法』（不殺生戒）に「私意を以て本性を増減するがいわゆる悪じゃ。この私ある身口意業を十悪という」とある。③**邪智妄想**　誤った

知恵（知識）と迷った考え。妄想＝誤った見解。真実でないものを真実と見る。妄分別。**④日、常に～**「万物の本体みな不貪欲の体相なることを示すなり」（『人道随』）と説く。**⑤煩惑** 煩悩。自己の心を煩わす妄念。**⑥道の尊尚～**『人道随』に「この人ありてこの道を知るの趣なり」とある。

不貪欲――2

①賢聖平常（げんじょうびょうじょう）の心業（しんごう）、これを名づけて戒とす。人の道として善をこのみ悪をにくむ。その悪をにくむも、甚だしきは乱の端（はし）②なり。これより下（しも）なる者は、事ご③とに美悪（びあく）④をえらぶ。大にして山川聚落（さんせんじゅらく）、小にして器物翫具（きもつがんぐ）。その択（えら）びたくみなる者は、⑤貧窮（びんぐう）の兆（きざし）なり。人の容貌（ようみょう）、人の才芸、みな過ぎて択ぶは災（わざわい）の根（もと）なり。

ただ大人（たいじん）ありて、その居るところ⑥に安んじ、そのそなわれる⑦分を楽しむ。才によりて任（にん）じ、時⑧に随（したが）いて隠顕（おんけん）す。これをこの戒の儀（よそおい）とす。

【現代語訳】

賢人聖者のありのままの心のはたらきを名づけて不貪欲戒とする。人の道として善を好み悪を憎む。しかし過剰な憎しみは、かえって秩序を乱すもとである。一般の者は、常に美しいものと醜いものを選り分ける。たとえば大きいものでは山川聚落、小さいものでは日用の道具類や遊び道具である。その選別が巧みな者は過失を犯す兆である。人の容貌や才能を過剰に評価して選ぶのは災いのもとである。

不貪欲戒を全うできるのは、ただ徳の高い人格者のみで、すでに足りていることを知って心安らかにし、自分にそなわった分に満足することで真の楽しみを得るのである。自分の能力によって任務を果たし、時節を察して世に出たり隠れたりする。

このようなことが不貪欲戒の趣である。

【注】

①**賢聖**　聖は仏道修行者の見道以上に達した者。賢は見道に至らないが悪を捨離した者（アビダルマの説）。悪を去っているが悟っていない者を賢、真理を悟った者を

聖。賢聖平常の心業を戒とするというのは、「私なき人の心、即ちこれ戒なれば、かく言うなり」（『人道随』）とある。賢聖というのは私なき無我の心の持ち主である。**②端**　はじまり。もと。乱の端を「事を乱す」（『人道随』）こととある。例は『論語』の「人而不仁。疾之已甚乱也」（思いやりがない人を憎み過ぎると秩序が乱れる）をあげてある。これは「過不及」（度が過ぎることと及ばないこと）の過ちを示したもの。**③事ごとに**　物事があるたびに。事につけて。いつも。**④美悪**　美醜。「下なる者」とは、「庸流」のことである。「一往のえらびは、許すも可なり。過失にいたらず。この択び増上すれば、その中に功を得る。ここにいたれば過失生ずるなり」（『人道随』）とある。**⑤貧窮の兆**「今、貧窮を挙ぐれども、余の過失もあるべきなり」（『人道随』）とある。この貧窮とは、特に心の貧しさである。**⑥居るところに安んじ**「居処階位等に不貪欲なる儀なり。山川聚落都鄙、いづれの所にても、自ら足り安んじて、外に求めなきなり」（『人道随』）。**⑦そなわれる分を楽しむ**「俸禄等、玩具等に不貪欲なる儀なり」（『人道随』）。**⑧時に随いて隠顕す**『人道随』に「みづからその分に明なる者は、時の宜きに達するなり。時の不可なるを知りて隠る。時の可なるを見て現わる。『孟子』に「孔子は聖の時なる者なり」

と言いし類なり」とある。「孔子は聖の時なる者なり」とは、『孟子』（万章下）の「孔子聖之時者也」（孔子は聖人の中でも一方に偏らずに、その時の宜しきに従って正しく行動した人である）のこと。『老子』（第八章）には「動善時」とある。時を得るとは、得ようとせず、無心にまかせておくと自然に進んでいくということ。

不貪欲―3

①現今目前の森羅万象、みな過去世につくりなせし業相の影なり。②面目同じくそなわれども智愚の別ある。③修養ひとしけれども④寿夭の異なる。形の好と醜と、資財の足ると不足と、同じ世とも思われぬあり。あるいは言行まもりある者その身凍餓し、賢をねたみ能を害する者一生富栄なるあり。大抵は⑤業印印じ来りて寸毫をたがえざるなり。

【現代語訳】

目の前に現われているすべてのものは過去世に造った業の影である。顔かたちは同じように具わっているが智慧がある者とない者とがいる。同じように養生しても長寿と短命とが分かれる。姿の美しい人とそうでない人と、資産がある人とない人と、この世を見ても同じ世の中の人と思われぬほどである。または、言葉と行いに慎みがある者でも衣食に恵まれなかったり、賢者を嫉(ねた)み有能な人に害を与える者が生涯富み栄えたりする例がある。このようなことはたいていは、過去の業がそのまま印で押したように寸分たがわず現在に現われているからである。

【注】

①**現今目前～** 「さらに貪求すべからざることを明すなり。たとえば夢は今日思想の影なり。思想によりて現わるれども、夢のうちには実あるがごとし」(『人道随』)、影＝幻。「この知恵も業の影と知り、この富栄も業の影と達すれば、自ら他をあなどる心なきなり」(『人道随』)。 ②**面目同じく～** 面目＝顔かたち。すがた。「影像の

転ずべからざるを明かすなり。初めには一期の賢不肖定まりたるを述べて、外に貪求するを止めしむる言葉なり」（『人道随』）。**③修養**　養生法のこと。学問や心を磨いて人間の人格を高めるために努力すること。ここでは「養生術をつくすなり」（『人道随』）とある。**④寿夭**　長寿とわかじに（短命）。**⑤業印印じ来りて〜**　業による果報が印で押したように明了で少しのくるいもないこと。業報が現われてくるのには時間差がある。現世に現われることを「順現業」、次生に現われることを「順生業」、それ以後の来世では「順次業」という。現世に現われている業報は現世の因に依るとは限らない。かくして仏教は因果を否定しないが、ただし業果は実体のない仮の現象である。その幻影である現象を捉えて執着することを迷いであると説くことこそが仏教の眼目であることを忘れてはならない。

不貪欲―4

この中、①影を逐（お）うの謬（あやま）りたることを知れば、その道わが身心の中にそなわる。

影②を捉うるの迷③いたることを知れば、世外④に出頭して自由の分あるなり。

世に一類底下の者あり。富栄をうらやみ貧賤を憂え、これによりて身心を労し、または資財を衰損す。あるいは身の楽をほしいままにし、心の欲を逞しくし、みずから災害を招き、または寿命を減少す。あるいは湿⑤にふし風を侵し、みずから疾を発して諂いを鬼神になす。あるいは孝養つとめず、忠義はげまずして、福縁を仏菩薩に請す。あるいは非分に官職を求め、寿命を祈り、眷属を祈り、財利を求め、日夜つねに忩々として終に朽敗に帰す。経中に、これを憐れむべき衆生と名づくるなり。

【現代語訳】

この中、実体がない業の影を逐うことが誤りであると知るならば、自己の心身の中に道が備わる。影を捉えることが迷いであると知れば、俗世を超越して自由となるのである。

この世にはこの戒を犯す最も下劣な者がいる。他人が富み栄えていることに嫉妬し、自分が貧しく身分が低いことを嘆き、それによって心身をすり減らし、または財産を使い果たしてしまう。また、身体の快楽のまま過ごし、心の欲を満たし、その結果、みずから災いを招き、または寿命を縮める。また、湿度の高い所に寝て風にあたってみずから病気になりながら神頼みをする。また、親に孝行せず、真心で国に仕えずに福徳を得ようと仏菩薩に祈願する。また、分不相応な官職を求め、長寿を祈り、親族の幸福を祈り、財産を求め、一日中常にあわただしくして、そのうちに死んでしまうのである。経典の中に、これを「憐れむべき衆生」と名づけている。

【注】

①**影を逐う**　影とは業によって仮に出現したもの。実体がないものを逐うことになる。②**影を捉うる**　「わが知恵わが富栄などに執着すれば、影を捉えんとするがごとし」(『人道随』)。③**迷い**　「この迷いだになければ、智者は智者、愚者は愚者、

貴人は貴人、賤者は賤者、自ずからその中に解脱するなり」（『人道随』）。 **④世外** この世（俗世）の外。 **⑤湿にふし風を侵し** 湿度の高い所に寝て風にあたること。

不貪欲―5

この中あやまり解して、①神祇功なく求請験なしということなかれ。その②私なき者は、かならず③神明の④冥助を受く。また君父のために祈り、国家のために求請する等、そのことわりあるべきなり。また、この⑤業なるものも、その昔の業の影にして元来実体なければ、大善根を積みて悪業を転ずるも、そのことわりなしというべからず。

古に、「⑥誠ある者は久し、久しければ徴あり」といえり。また、現在に悪業を重ぬれば、必ず過去世の善根を滅す。これも理の常なり。善を積みて神明の加護を請い、罪悪を懺悔して仏菩薩に帰投する。たとえば渡りに船を得るが如く、また蓮華の日光を受けて開敷するが如しと知るべきなり。

【現代語訳】

この中で勘違いして、神祇には効験がなく祈っても効果がないという者があるが、そうではない。自我にとらわれない者は、知らないうちに必ず神の助けを受ける。また、主君や父のために祈り、国家のために祈り求めるなどは、その理があるものである。また、この業というものも昔の業の影であって元来実体がないので、広大な善根を積んで過去の悪業を転滅することも、道理として可能性がないことではない。

古(『礼記』・『中庸』)に、「至誠は息むことがない(間断がない)。息むことがないので必ず外に徴があらわれる」という。また、現世で悪業を重ねると、必ず過去世の善根を亡ぼしてしまう。これも不変の道理である。善行を積んで神々の加護を請い、罪を犯したことを懺悔して仏菩薩に帰依すれば、たとえば、渡りに船を得るように、また、蓮華の花が太陽の光を受けて開くように、冥助があることを知るべきである。

【注】

①**神祇功なく〜**　功とは効験。「世の事に滞る者は、多くは神になれ鬼にへつらう。理学に志す者は、多くは、神祇を蔑ろ(ないがし)にし仏菩薩を軽んずるなり。この二途みな偏見なり」（『人道随』）。なれ＝なんとも思わなくなる。理学＝宋・明代の理（宇宙の本体であり、天地宇宙の理）を追究する学問。朱子学のこと。②**私なき者**　これは「正見を示す」（『人道随』）とあり、「私なき者」に対する言葉として、尊者は「私の逞しき者」とした。この解釈として「神祇に祈り、仏菩薩に求請するに、そのしるし有無はかりがたし。大抵は私の逞しき者、誠なきもの、思慮おおき者は、仏菩薩・神祇の納受なきなり。また、事の成就は遅速あり大小ありて、肉眼の定むべきにあらず。ただその人にして、その道を知るべし」（『同』）とある。「私なき者」とは、「自

身のため、妻子等のために祈るは、多くは私に属するなり」(『同』)である。『スッタニパータ』(一〇四六)にも次のように説く。「プンナカよ。かれらは希望し、称讃し、熱望して、献供する。利得を得ることに縁って欲望を達成しようと望んでいるのである。供犠に専念している者どもは、この世の生存を貪って止まない。かれらは生や老衰をのり越えていない、とわたしは説く」。**③神明** 神祇。神。**④冥助** 知らないうちに神仏が力をそえて助け導くこと。**⑤この業～** 「善悪ともに転ずべきをいう」とあり、行為によっては悪業を善に、善業も悪に転ずるということ。**⑥誠ある者は久し～** 『中庸』(第二十六章)に、「至誠無レ息。不レ息則久。久則徴」(至誠は息むことがない(間断がない)。息むことがないのでつまり常にはたらく。すると必ず外に徴があらわれる)。**⑦帰投** 帰命。帰依。『慈雲尊者法語集』(三帰利益開示)に、「身心を棄捨して仏に帰依すれば、仏の外に自心なく自心の外に仏なく、仏の外に衆生なく衆生の外に仏なく、仏の外に国土なく国土の外に仏はない。これを仏に帰依するという。この座を起たずして廓然大悟すまいものでない」とある。

不貪欲——6

よくこの戒をまもる者は、①十分の名に居らず。もし名称その実に過ぐれば、徳をかくして拙をあらわす。②十分の安きに居らず。もし栄曜満足すれば、倹を守りてみずから③裁抑す。その家に生まれて家の分を守り、その国にありて国の限を知る。この分にしてこの分足る。今日にして今日足る。この「④足ることを知る者は、常に富む」といえり。たとい貧賤⑤憂慼の中にも、⑥今世の楽しみを求めず、後世の栄を願わず、なすことただ善事なり。なして止まざれば、⑦この身善法となる。是非得失の中にも、⑧天をもうらみず人をもとがめず、⑨思うことただ正法なり。思いてさらに思えば、この心、正念相応す。

回顧して世界を見る。一切世界ことごとく⑩幻の如く、空谷の響きの如く、旋火輪の如し。乃至諸仏の清浄身を得、⑪一切時一切処、諸の衆生に応同して、

起・滅・辺際不可得なり。[12]

【現代語訳】

この不貪欲戒をよくまもる者は、十分に満足するほどの大きな名声は望まない。名前が自己本来の能力よりも広まれば、徳を隠して簡素に生きるべきである。また、十分に満足するような安楽の生活はしない。もし、晴れがましい生活になったならば、倹約して慎しむのである。生まれた家の分をまもり、住んでいる自国の分限を知る。自分の分においてはその分で満足する。今日は今日ですでに足りているのである。（老子は）「足ることを知る者は常に富む」という。たとえ貧しくて憂え悲しんでいても、今世での楽しみを求めることなく、かつ来世での繁栄をも願うことなく、今この時の善行のみに専心する。行い続ければ、この身体が道理に順じた正しいものとなる。是か非か、得か失か、と考えを巡らすこの世の生活の中で、不幸なことが起こっても天を恨むことなく、人を咎めることなく、思うことはただ仏の正法のみである。そのように思った上にもさらに思えば、この心は正しい想いを起こす心となる。

振り返ってこの世界を眺めてみると、世界はすべて幻のようなものであり、静かな谷間の響きのようにはかなく、実体もない旋火輪のようである。現象が出現したり滅したりすることは不可思議であり、われわれの認識を超えているのである。

【注】

①**十分の名に居らず** 「名の実徳を害することを知るなり（名前がその人の徳を害することがあると知る）。実徳ありて、その名あるすら好まざることなり（実際に徳があるのに、名があることさえ好まないのである）。もし名称実に過ぐるは災を招く媒（なかだち）なり（もし名前が実際の徳よりも過剰であれば災を招くきっかけとなる）。尚も慎むべきといえり」（『人道随』）。実徳＝その人が持っている本当の徳。②**十分の安きに居らず** 「安逸の徳を害するを知るなり」（『人道随』）とあるので、何もせずに楽をしていることは徳を減じるということ。『スッタニパータ』（三二三）

にも「神々も人間も、ものを欲しがり、執着にとらわれている。この執着を超えよ。わずかの時をも空しく過ごすことなかれ。時を空しく過ごした人は地獄に堕ちて悲しむからである」とある。時に関しては、『老子』（第九章）には「功遂身退、天之道」（仕事が成し遂げられたなら、ただちに退かねばならない。それが天の道である）とあり、適当な時を知ることが肝要。③**裁抑**　おさえとどめる。おさえる。④**足ることを〜**　「知足者富」（『老子』）。「不知足者雖富而貧。知足之人雖貧而富」（『遺教経』）。『スッタニパータ』（一四四）には、「足ることを知り、わずかの食物で暮し、雑務少なく、生活もまた簡素であり、諸々の感官が静まり、聡明で、高ぶることなく、諸々の（ひとの）家で貪ることがない」とある。⑤**憂感**　憂え悲しむ。心配して心を痛めること。『人道随』に、「経中に『願今世楽者名欲、願後世楽者名大欲』」とあり。要は、今世にも後世にも楽を願うべきではないのである。『スッタニパータ』（三）には「奔り流れる妄執の水流を涸らし尽して余すことのない修行者は、この世とかの世とをともに捨て去る。——蛇が脱皮して旧い皮を捨て去るようなものである」とある。⑥**今世の楽しみを求めず〜**　『スッタニパータ』から二か条をあげると、「この世の禍福いずれにも執着することなく、憂いなく、汚れなく、清らかな人、――かれをわたくしは〈バラモン〉と呼ぶ」（六三六）・「依りかかることのない人は、理法を知ってこだわることがないのである。かれには、生存のための妄執も、生存の断滅のための妄執も存在しない」（八五六）。これは生と死の両方の執着を断つことを示している。つまり生と死を共に超える道である。**⑦この身善法となる**　『人道随』に、「元来身心不二なり。事理不二なり。事は理をそなえて相違なければ、善事正理と相応す。身は心の如く現わるれば、善事満足すれば、この身ただちに善法なり」と。**⑧天をもうらみず～**　『論語』（憲問）に「不レ怨レ天、不レ尤レ人、下学而上達」（天を怨みもせず、人をとがめもせず、身近なことを学んで高遠なことに通じて深く進んでいく）。孔子が子貢に対して自分のことを語った言葉。**⑨思うことただ正法**　『人道随』に、「法をおもえば、この心正法となる。この正法、念を引いて正念相続するなり。経（『大智度論』・巻二十三）に『蛇行常曲。若容二之竹筒一則直行。凡夫念想必邪曲。容二之禅定一則正念』といえり」とある。つまり、邪な自己本位の想念を正しい心に直すのが禅定である。**⑩幻・空谷・旋火輪**　仮有で実体がないことのたとえ。旋火輪とは、縄の先に火をつけて手で回

すと火の輪に見えるもの。その回転する火の輪には実体がないことのたとえ。その他のたとえの例として、
依他十喩（聚沫・泡・焔・芭蕉・幻・夢・影・響・浮雲・電）
依他八喩（幻事・陽焔・夢境・鏡像・光影・谷響・水月・変化）
経典からの例を示すと、
『大日経』（幻・陽炎・夢・影・乾闥婆城・響・水月・浮泡・虚空華・旋火輪）
『維摩経』（聚沫・泡・炎・芭蕉・幻・夢・影・響・浮雲・雷）
⑪**一切時一切処**　「三世に通じて止むことなきを一切時という。十方に通じて隔てなきを一切処という」（『人道随』）。　⑫**起・滅・辺際不可得**　現象の生起と消滅の辺際は認知できないこと。「大悲万行衆生に応同して、法身つねに寂静なるを起不可得という。常寂光土に居して身心動作なけれども、有縁の衆生とこしなえに利益を得るを滅不可得という。この起滅、菩薩・声聞のはかるべきならねば、辺際不可得というなり」（『人道随』）。

第九　不瞋恚

不瞋恚―1

『華厳経』等に、「一念瞋恚の火、①無量劫の功徳・②法財を焼き亡ぼす」と説けり。世の惑深き者は、③一朝の怒りにその身を忘れて、その親に及ぼすあり。④失心狂乱し、⑤性命をも損ずるあり。この類みなこの戒増上の違犯なり。

⑥三界夢裡の境、その業相の似よりたる者、同じ世に出て、同じき国土に生ず。⑦「四海みな兄弟なり」というも、虚言にあらず。

【現代語訳】

『華厳経』等に、「瞬間的に火のように起こる怒りは、これまで長い間に積んできた善功徳や仏法の教えから得た財(たから)を焼き亡ぼしてしまう」と説かれている。迷いが深い者は、一時の怒りにわが身を忘れて近親者にも及ぼすことがある。心を見失って狂乱し、命を無くしてしまうこともある。このような例はみな不瞋恚戒の重大な罪である。

夢のような迷いの世界にいる者は、業が似たもの者同志が同じ世界に生じ、同じ国土に生じる。(『論語』の)「世界中の人はみな兄弟」という言葉も嘘ではない。

【注】

①**無量劫の功徳**　劫の喩(たと)えとして二例をあげる。芥子劫(けしこう)(方高四十里の大城に芥子を充満し、三年(百年とも)に一粒ずつ取り出して、すべて尽きると一劫)。磐石(ばんじゃっ)劫(こう)(方高四十里の大石を天女が三年に一度降りてきて薄い衣で払って行くが、その大石が磨滅するまでが一劫)。「瞋ヲ為二毒之根一ト。瞋ハ滅ス二一切善ヲ一」(『大智度論』)とある。②**法財**　仏法の教え。世財に対する。③**一朝の～**　『論語』(顔淵)に、「一朝之忿ニ忘レテ二其ノ身ヲ一以テ及ボスハ二其ノ親(しん)ニ一、非ズヤレ惑(まよい)ニ与」(一時の怒りにわが身を忘れて、それが近親者

にまで及ぶのは、迷いではないだろうか)。**④失心狂乱～**『人道随』には「毒を腑臓に含み、その心を鴆裂(ちんれつ)す」(鴆は毒鳥の名、裂はばらばらにひきさくこと)(『法苑珠林』)と譬(たと)えている。**⑤性命** 生命。命。**⑥三界夢裡の境** 三界は欲界・色界・無色界で、凡夫の迷いの世界。『人道随』に「禅定の業相は同じく色・無色界に生ず。散善(散り乱れた心のままで行う善事)の業相は欲界の中に人天の生をうく。欲界の中、この人中にある、人中のなか同じき国土に生ず。正眼に看来れば懸隔(かけ離れていること)ならざるなり」とある。**⑦四海みな兄弟** 「君子敬而無レ失、与レ人恭而有レ礼、四海之内皆兄弟也」(君子は謹んでおちどなく、人と交わるのに丁寧に接して礼を守ってゆけば、世界中の人はみな兄弟である)(『論語』・顔淵)。

不瞋恚―2

縁ありて会遇(えぐう)す。縁去りて離散(りさん)す。順縁(じゅんえん)に相(あい)親しみ、違縁(いえん)に相そむく。世相かくの如し。今新に出来るにあらず。
あるいはわれ恩恵[1]を施すに、他かえって損害[2]をはかる。ここに仁慈[3]をおもうに、かれ怨讐[4]をふくむ類、ことごとく業力転変[5]の相なり。我が心を煩わすに足らず。もし忿れば我が罪となる。ややもすれば累劫[6]の障碍なり。聖教[7]の中に、「われ怨止まざれば彼の怨尽くることなく、われ慈しみ深ければ、彼の怨拠り所なし」といえり。

【現代語訳】

縁によって出会い、縁がなくなると離散する。よい縁には随い、望まない縁は遠ざける。世間はそういうものである。しかし縁というものは、今、新しく結ばれるのではなく、過去からの因縁があってのことである。
また、こちらが情けをかけても、かえって傷つけられることがある。こちらが愛情深い気持ちでいるのに、かれは怨みをもつなど、これ等はすべて業のはたらきが変化して現われたものである。そうであるならば、これに対して心を悩ませるには及ばないのだ。そのことにもし怒れば、かえって自分の罪となる。どうかすると、正しい道を得るための永遠の障害となる。経典の中に「自分が怨むことを止めなければ、かれの怨みも尽きず、自分が慈しみ深ければかれの怨みは抛り所を失う」と説いてある。

【注】

①**恩恵を施す**　恩恵＝慈しみ、情け。施す＝与える。②**損害**　そこなうこと。傷つけること。③**仁慈**　思いやりがあって情け深いこと。④**怨讐**　怨んで仇とすること。⑤**業力転変の相**　業の力によってさまざまな姿に変化すること。⑥**累劫**　劫（長時間）を累ねること。劫については一六八頁の注①参照。⑦**聖教**　聖典。経典。尊者は『四分律』（四十三）を示す。「以怨除怨仇、怨仇終不除。無怨怨自息。其法勇健楽」。同じ説を『ダンマパダ』（五）にも見る。「実にこの世においては、怨みに報いるに怨みを以てしたならば、ついに怨みの息むことがない。

怨みをすててこそ息む。これは永遠の真理である」。「すててこそ」とは、怨みも本来実体なく、自心が造りあげたものだからである。

不瞋恚――3

古人、「怨に報ゆるに徳を以てす」というは、天の道なり。この道の中、蘭蕙も荊棘も等しく長育して隔てなく、麟鳳も豺狼も共に容れて害せぬなり。「直を以て怨に報い、徳を以て徳に報ゆ」というは人の道なり。この道の中、聖賢を尊重し、讒佞を遠ざけ、荊棘を刈り去りて嘉苗を種殖するなり。この天道あるところは人望ここに帰す。この人道全きところは天命ここに応ず。一無価の宝珠を縦ざまに看、横ざまに視るが如し。智人は時に随い用いて、左右その源に逢うなり。

【現代語訳】

古人（老子）が「自分に悪いこと（悪意）をした相手には、よいこと（善意）で返す」と言っているのは天の道である。道は、蘭もいばらも平等に成長し、麒麟と鳳凰も、ヤマイヌとオオカミも、共に受け入れてさまたげることがない。

「真っ直ぐな正しさで悪意にむくい、善意によって善意におかえしする」というのは人の道である。この人の道では、聖人賢者を尊重し、他人のことを悪く言いながら上の者にはへつらうような者を遠ざけ、いばらを刈り取ってりっぱな稲を植えるのである。天道とは最終的には人々が願い望むところであり、完全に人道が行われるならばそこに天命が応ずるのである。それは一つの高貴な如意宝珠を縦横無尽に見るようなもので、智慧者は時に応じてこれを用いていくので、どちらにせよ源に行きつくのである。

【注】

①**怨に～**　「為二無為一事二無事一味二無味一。大小多少報レ怨以レ徳」（なさぬことによって、ものごとを為す。ひたすらものごとに関与（干渉）しないことによって、ものごとに関与する。味のないものに、味わいを見出す。小さいものを大きいとみなし、少ないものを多いとみなす。自分に悪いことをした相手には、よいことで返す）（『老子』・第六十三章）。老子は元来、あるがままを尊ぶ（無為）のである。ここでも「無為」・「無事」・「無味」とある。「報怨以徳」とは、怨みに対して怨みで返すと大事になるので、その反対の徳を語ったまでであろう。②**蘭蕙**　春蘭と秋蕙。ともに香草。蘭の種類である。③**荊棘**　いばら。④**麟鳳**　麒麟と鳳凰。⑤**豺狼**　ヤマイヌとオオカミ。⑥**直を以て～**　「或曰。以レ徳報レ怨何如。子曰。何以報レ徳。以レ直報レ怨以レ徳報レ徳」（ある人が、「悪意に対して善意で報いるというのはどうお考えですか」といった。先生はいわれた、「では善意のおかえしには何でするのですか。真直ぐな正しさで悪意にむくい、善意によって善意におかえしすることです）（『論語』・憲問）。これは「マタイ伝」の「ひともし汝の右の頬をうたば、左をも向けよ」と比較される。また孔子は老子と異なり、真直ぐな心で対処すると語っていることも注

目される。⑦**讒佞** 他人を中傷して上の者にはへつらうこと。他を陥れ、自分は長上にへつらう者。⑧**嘉苗** 穂がたくさんついたりっぱな稲。稲のこと。⑨**無価** 値がつけられないほどの高い価値があること。貴重なこと。「無価宝珠」（『法華経』）という。高貴な如意宝珠のこと。⑩**宝珠** 如意宝珠 [s]mani（cintāmaṇi）如意宝。如意珠。意のままに宝を出すといわれる珠。悪や災いを除く功徳があるという。如意輪観音・地蔵菩薩などの持物。⑪**左右〜** 左右逢源。すべてが思いのままに運ぶこと。左右とは、どちらにしても、の意。

不瞋恚—4

よくこの戒をまもる者は、世縁を摂取して①勝義諦をあらわす。その②利・衰・毀・誉まじわり来るも、ただ③縁の向背を見る。④莞爾として世間に居す。富貴なるも可なり。貧賤なるもまた可なり。⑤生々のところ、内心⑥憂慼なく、内にその徳あれば、外相もこれにしたがう。⑦容貌端麗なりといえり。乃至三十二相[8]、八十随好、十身相海[9]の身を得べし。

【現代語訳】

よくこの不瞋恚戒をまもる者は、世間でのさまざまな縁を取り込んで、それらを究極の真理として現わす。世間では利（得る）・衰（衰える）・毀（けなす）・誉（ほめる）などをくり返しているのが実状であるが、智人はそれを順縁や逆縁として、ただあるがままに眺めるだけである。それを見ながら微笑んでいるだけである。富もあり身分が高くても、貧乏であってもよい。生まれ変わり死に変わっても、憂い悲しむことなく、心に徳があるならば、周辺のものもそれに従うのである。顔やすがたも美しいという。さらには戒をたもった功徳として仏の三十二相、八十随形好、仏の十身を得るのである。

【注】

①**勝義諦**　第一義諦。真諦。世俗諦の対。究極的な真理。尊者が注して、「出世間の聖法なり。諸法の実相。一切有無等の戯論をはなるれば勝義という。この勝義、真実なれば諦という。諦とは実の義なり」（『人道随』）と。②**利・衰・毀・誉**　『僧祇律』の偈に、「利衰及毀誉、称譏若苦楽、循環若二回転一」。利（利益）・衰（損失）・毀（そしり）・誉（ほまれ）・称（ほめる）・譏（そしる）。③**縁の向背**　順縁と違縁。④**莞爾**　にっこりする。ほほえむ。⑤**生々のところ**　生まれをくり返すこと。生まれかわり死にかわりする輪廻の中にいること。⑥**憂感**　憂えて悲しむこと。気分が晴れず沈むこと。⑦**容貌端麗**　顔やすがたがととのって美しい。⑧**三十二相、八十随好**　仏や転輪聖王に具わっている三十二の身体的特徴と、それに付随する八十種の吉相。⑨**十身相海**　＝十種仏身。『華厳経』に説かれる十種の仏身。

第十　不邪見

不邪見—1

①日夜代謝すれども、春は花咲き秋実る②式は③万古たがわず。④念々滅し去りて蹤跡をとどめねども、⑤一類相続して⑥業相任持することは、実に三世にわたるなり。近くはこの⑦一期の中にも、老いてまどいなきは、⑧少壮勤学の功による。臨末にも心乱れざるは、平生修善の力なり。智者⑨一隅を以て三隅を例せば、⑩甚深縁起にも、その浄信を生ずべし。

【現代語訳】

すべては常に変化し続けて無常の様子を呈しているけれども、春に花が咲き、秋には実るという法則は昔から変わらない。私たちの心も、一刹那ごとに滅んで跡形を残さないけれども、その性質を保って三世（過去・現在・未来）にわたって続いていく。身近なことでいえば、人の一生涯の中でも、老いて迷いがないのは、若い頃の勉学の努力による。死に臨んで心が乱れないのは、普段から善行を行った力である。智者がこのような一つの例を示したときに、残りのすべてを理解するほどであるならば、甚だ深い縁起の道理にも、清らかな信が起こってくるであろう。

【注】

①**日夜代謝**　日夜＝昼夜。毎日。代謝＝古いものと新しいものが入れ替わること。常に変化していること。移り変わり。無常の様子。②**式**　のり。規則。③**万古**　大昔から今に至るまで。永遠。永久。④**念々**　刹那刹那。⑤**一類相続**　性質が異ならずに、そのものとして続く心の連続面をいう。人間一生の知恵・性格などが連続すること。尊者は「心相の古今異ならぬことを示すなり」（『人道随』）と解説。念々滅していくけれども、全く跡形なくなってしまうので

はない。「小児のとき、読み習いし『大学』・『庭訓(ていきん)』も一生用うべきなり」（『人道随』）とある。⑥**業相任持**　業のままに人の性が引き継いでいくこと。これを「相似相続」（『婆沙論』）・「恒転如二暴流一」・「意識常現起」・「五識随レ縁現」（『唯識三十頌』）という。⑦**一期**　一生涯。⑧**少壮**　年の若いこと。二十から三十歳くらいか。『十法』（不邪見戒・下）に「老後事々惑いなきは、少年修学の功による。死時に心相の乱れぬは、平日の禅定の力による」ともある。また、佐藤一斎の『言志晩録』には、「少(わか)くして学べば壮にして為すあり。壮にして学べば老いて衰えず。老いて学べば死して朽ちず」とある。⑨**一隅を以て**　「挙二一隅一不下以二三隅一反(かえら)上、則不レ復(またせ)也」（『論語』・述而）（一つの隅を取り挙げて示すと、あとの三つを理解するのでなければ繰り返して教えない）。一端を示して後の事を理解するほどでなければ、まだ成熟していないのだから繰り返して教えない。⑩**甚深縁起**　縁起が甚深であることは尊者の法語では繰り返し述べられており、縁起を正しく認識することが極めて重要。「縁起をさまでもないことと思うであろうが、この縁起は甚深なことで、ただ仏の境界じゃ。小根劣機の者の知る所ではない。信解する所ではない」（『法語集』・神祇の出現）。縁起を自然科学的な因果関係とのみ理解してはならない。

不邪見—2

この戒の違犯は、①世智弁聡の者、おのが②伎倆により、肉眼の見るところにて法を思量す。あるいは「③天地の間定まれる道なし、④衆作者の手を経てその道成立せり」といい、あるいは「⑤天地常理ありて古今泯ぜず、諸の博才なる者、その一分をとり用いて、己が道を説く」という。その中、仏菩薩・賢聖なし、神祇なし、善悪報応もなしとおもう類は、すべて⑥断見に属す。

⑦淫祠を信じ、⑧邪説にともない、⑨偽経を受持し、⑩妖僧・⑪巫祝の⑫欺をうけ、⑬この世の名利を願い、後世の楽を求むる類は、みな⑭常見に属するなり。

【現代語訳】

不邪見戒を犯す原因は、世の中の小利口な者が、肉眼で見える範囲のものだけで、ものごとを判断するからである。ある者は、「この天地には定まった道などない、多くの人の思想によって次第に道ができあがったのだ」と言い、またある者は、「天地には古くから変化しない道理があってすたれてしまうことはないが、学問の才能がある者が、道の一部を取り出し、それを自分が感得した道であるかのように説いただけだ」という。そのような主張をする者の中で、仏菩薩や賢人、聖者などは存在せず、神々も、善悪の報いもないと思うような類は、すべて断見に属す。

邪神を信じ、邪説に従い、偽作の経典によって教えを受け、所持し、あやしげな僧や、神事を掌る者に騙（だま）されて、この世の名利を願い、来世での安楽を求めるような類は、すべて常見に属するのである。

【注】

①**世智弁聡** 世渡りの知恵があって、こざかしい者。八難（仏を見ることも、仏法

を聞くこともできない八種の境界）の一。地獄・餓鬼・畜生（以上は苦痛が激しいため）・長寿天（長寿を楽しんで求道心が起こらない）・辺地（楽しみが多すぎる世界）・盲聾等（感覚器官に欠陥がある）・世智弁聡（世俗智にたけて正理に従わない）・仏前仏後（仏が世に存在しないとき）。また、『人道』（第二編）に、「世智弁聡の者、肉眼の見るところを是とす。善人も災にあい、悪人もあるいは幸あるを見て、善悪みな徒談なり（真実ではない）と思う」。**②伎倆**　能力。**③天地の間～**　荻生徂徠の説であるが、『人道随』に尊者はその名を出さず「この人大儒なり。文章に巧なり。その説面白し。但し真理には遠きなり」と評してある。**④衆作者**　多くの作者のことで、ここでは儒者の見解をさしている。**⑤天地常理ありて～**　儒者の見解を述べたもの。『人随道』に「宋代の程子・朱子などは、これに似たれども、これよりは下なり」とある。**⑥断見**　心身がこの世（現世）限りで消滅するとし、因果を否定し神仏の存在も認めない見解。これに対するのが常見で、存在する者のすべてに実体を認め、常に世界は常住不変とする見解。邪見を二分すれば断見と常見である。**⑦淫祠**　邪神。はやり神の類。淫＝正しくない。よこしま。祠＝まつる。やしろ。「諸方の愚昧なる者、衆人に誘われて、はやり神、はやり観音、はやり地蔵等を信ずる類なり」(『人道随』)。 ⑧**邪説** 「今時、僧徒の類、巫祝の類に、世を惑わす者おおし。その説、俗にちかければ、愚昧の者、おおく従うなり。大要は大聖世尊、末世のために経論・律蔵をのこして、有志の者の明鑑となしたまうなれば、経律論の説に違するは、邪説の類なるべし。また、祈祷ごとの奇怪、臨終の奇瑞など、世におおく邪説をまじえたり。智者、えらぶべきなり」(『人道随』)。 ⑨**偽経** 中国で仏説として偽作された経典。「血盆経、十句観音経の類なり。すべて偽経は、文も短く理もちかく、また、その功徳も多きように説き出せば、庸人は多く靡(なび)き受持するなり」(『人道随』)。 ⑩**妖僧** あやしげな僧。 ⑪**巫祝** みこ。神事をつかさどる者。 ⑫**欺** 欺き。相手に本当のことだと思わせてだます。注⑨⑩が病人を祈願して治そうとしたりする類。 ⑬**この世〜** 「この世も業の影なり。後世もまた、この世の業の影なり。影にして影をもとむる。みな愚というべし」(『人道随』)。影とは実体がなく、仮のすがたであるということ。縁によって変化してゆくので、この世の一切のものは恒常ではない。 ⑭**常見** 前頁注⑥「断見」を参照。ここで尊者の主な著書における断見と常見についての解釈を要約して示す。断見——因果の否定・神仏の存在の否定・無への執着。常見——我(実体)の肯定・無常の否定・

有（存在）への執着。

不邪見——3

この中の持戒は、仏あることを信じ、正道理あることを信じ、賢聖あることを信じ、神祇あることを信じ、善悪報応むなしからぬことを信ずる。これなり。

道は智愚にあらず。智愚ともに道に入るべし。法は古今にあらず。古今共に法を得べし。如上の信増上すれば、心相調柔にして諸の諂曲なし。たとい無仏世界に生ずるも、邪智邪見発せず。有情に対して慈悲を生じ、財色に対して義理を知る。このこころ相続すれば、天命にも達すべきなり。

【現代語訳】

不邪見戒をたもつとは、仏が存在することを信じ、この世には正しい道理があることを信じ、賢人、聖者も存在することを信じ、神々が存在することを信じ、善悪の行為による報いが必ずあることを信じる、そのようなことである。

真実の道を会得することは、知恵のあるなしとは何の関わりもない。すべてが業の影によって存在していると知るならば、智者も愚者も、もらさず道の人となるのである。真実は時を超えている。あらゆる時が真実なのである。このような信の心が深くなれば、心は柔軟になり、他人に諂(へつら)って心が曲がることはなくなる。たとえ仏が存在しない世に生まれても、邪智や邪見を発(おこ)すことはない。生きとし生ける者に対して慈悲の心を発し、金銭や物に対しても正しい道理を知るのである。このような心が継続するならば、天命を知る境涯にも達するのである。

【注】

①**正道理** 「正道理というは正法なり。この正法は仏の師なり。この道ありて、よく

諸仏を生ずるなり。要をとりて言わば、正道理に全く相応せる人を仏と名づく。仏心の趣を正道理と名づくるなり」(『人道随』)。尊者の「正法」・「道理」の定義は、この一文で明らか。さらに「この道」を「仏出世にもあれ仏不出世にもあれ、この道常に存在して世間に住するじゃ」(『十法』不殺生戒)と説く。**②賢聖**「賢は妙善の義なり。聖は無垢の義なり。出苦の義なり。正道理を学ぶ人、次第にその心、妙善なるを賢と名づく。この賢位の人、次第に妙善の徳を増長して、その心清く、身心に苦悩を離るるを聖という。この二つ、仏に比すれば、いまだ極果に至らねども、その徳、尊重すべきなり」(『人道随』)。賢＝善を行い悪を去ったが、真理を未だ悟っていない凡夫の位にある者。聖＝凡夫の位をでて、真理を悟った者。**③神祇ある**　人間が創った妙物にはその徳があると尊者は語る。また、「まして山川聚落が広大なるものなれば、必ず神霊あるなり。地・水・火・風は、さらに広大なれば、四大神その徳いちじるしきなり。五穀は人民を利する功大なれば、必ず神霊あるなり。天はさらに尊尚なれば、天神その徳あり。日月星辰みなその神霊あり。有徳の君、有功の臣、みな神霊あるべし」(『人道随』)。このように、世界には神霊が満ち満ちていると尊者は語る。**④善悪報応**「この善悪報応、近くは天の命なり。遠くは法性の縁起なり。……三世にわたるを正知見というなり」(『人道随』)。この一文の「法性の縁起」・「三世にわたる」は重要。⑤**智愚** 智者と愚者。俗世の学問は智者を尊ぶが、仏法では智者であるから悟り、愚者は悟れないとはしない。そもそも知識によって真実を知るのではなく、清浄心へと導くのが仏法である。次の注⑥も参照。⑥**道に入るべし** 「世の智ある者、みずから業の影と知れば、この智、正智となる。世の愚なる者、みずから業の影なることを信ずれば、この愚、蹤跡なし」(『人道随』)。そこで譬えてみるならば、この智者は釈尊の弟子の舎利弗や迦葉などであり、愚者とは槃特(はんどく)や摩訶羅(まから)の類であると説かれている。ここでも現今の自己の存在は業の影であると知れ、ということである。⑦**古今にあらず** 古今というのは人間界の時間である。真実の世界には我々が考えているような時間はない。「古今年月も業相の影なり」(『人道随』)とある。人によって時間の長短が異なるのも業による。⑧**調柔** 柔軟で適応能力があること。あることを為すのに適していること。柔軟性。調柔でないのは「理にもとり、事にひがむ」(『人道随』)とある。これは次の諂曲であろう。⑨**諂曲** 「邪見の人、諂(へつらい)あり曲(まがり)あり。正知見の人はこれに反するなり」(『人道随』)。諂い=気に入られようとして、相手の機嫌を取る。こびる。お世辞を言う。曲とは心が曲がっていること。⑩**無仏世界**　仏がこの世にいない時代のこと。

⑪**有情に～**　この例として尊者は二つをあげる。正道理に達した人の天命を示したのであろう。「願無伐善、無施労」（善いことを自慢せず、いやなことを人に押し付けないようにしたいものだ）『論語』（公冶長）。「聖人常善救人、故無棄人。常善救物、故無棄物」（聖人はいつもよく人々を救うので、人を見捨てることはない。いつもよくものを活かして用いるので、何物をも見捨てることがない）『老子』（第二十七章）。自己の天命を知れば自ずからこのような行為となるというのであろう。⑫**財色**　金と物。

不邪見──4

もし正法に遇えば、この身、①心業の影なることを知る。知れば必ず②執着を離る。③人我の想ながく絶して④法無我を得、⑤聖域も遠かるまじきなり。いわゆる聖域とは、従来の面目を改めて金色光明を放つをいうにあらず。⑥詩書に通じ⑦礼度に達し、⑧萍実まで弁明するをいうにあらず。博才文章なるも可なり。一文不通なるもまた可なり。⑨通邑大都に在るも可なり。山林幽谷に居るも可なり。その自知するところ、他の見聞すべきならず。

【現代語訳】

もし正法にであったならば、自己の身体は心のはたらきによって仮に現われた影であることを知る。知れば必ず自己に執着することから離れる（人無我）。また、自己に対する執着を長期にわたって離れることによって、一切の事物にも実体がないという境地（法無我）を得ると、悟りに至ることも遠くはないであろう。その悟りの世界とは、これまでの自己が光り輝くような存在に変化することではない。詩書のような学問に通じ礼儀作法の極意に達し、萍実のような一般の人が知らない植物について解説できることをいうのではない。広い才能があり文章に巧であってもよいが、一文字も読み書きできなくてもよいのだ。大都会にいても、奥深い山林の中の静かなところにいてもよい。正法を会得した境涯は他の者が知り得るものではないのである。

【注】

①**心業の影**　心のはたらきによって仮に形成されて現われたものなので影にたとえる。②**執着を離る**　「正知見の功、世の執着なきなり。夢中みずから夢と知る者は、夢中も迷すくなし。まさに惑う者みずから迷うと知れば、その迷い、久しからぬ如くなり。この世界に居て、みずから業の影と知れば、必ず悪執深迷なし」(『人随道』)。業が影(仮・虚・実体がない)であり、絶対的なものではないことを自覚すれば、業に執着する意義もなくなるのである。③**人我の想〜**　人我とは自己に対する執着。「想」とは、心を対象としてその像をとらえることであるから、自心で自心をとらえることである。「自心に執を起こすを人我という。境界に執を起こすを法我という」(『人道随』)。「絶して」ということは、「草木の根を断ずれば、枝葉自然に枯る

るが如くなり」(『人道随』) とある。 ④**法無我** 存在するすべてのもの(法)は縁起によって生じたもので実体がないこと。 ⑤**聖域** 人無我に達するのが小乗の聖域。法無我にも達する(人法二無我)のは大乗の聖域。 ⑥**詩書** 『詩経』と『書経』であるが、意図としては広く四書(論語・大学・中庸・孟子)五経(易経・詩経・書経・礼記・春秋)を示しているとも考えられる。『詩経』は五経の一。中国最古の詩集。各地の歌謡の三千余編の中から、孔子が三百五編を選んだといわれる。『書経』は中国古代の政道について記した書。 ⑦**礼度** 礼節。礼儀の作法。「礼度」とは、前の『詩経』に対して『礼記』を示したものか。ここは素直に「詩を作り書に巧みで礼儀をわきまえて」と解釈することも可能であろう。 ⑧**萍実** 萍蓬草(へいほうそう)の実。睡蓮科の多年生水草の一。池水に生じ一根から叢生す。葉は芋に似て、狭く長く且つ厚く、面は深緑、背は淡緑。『孔子家語(こうしけご)』の中に、楚王が、この実を得たが、周りに知る者がいなかったので、使いを出して孔子に尋ねたとある。 ⑨**通邑** 道路が四方に通じている都市。大都会。にぎやかなところ。

不邪見—5

①菩薩種なる者は、その②宿縁おおくは人民の主たり。③福智等しく修し、④自他ともに利益す。あるいは⑤善知識に会い、あるいは⑥内鑑明了にして法の邪正を知り、事の真偽を弁ず。⑦上のこのむところ、下必ず従う。⑧卒土みな邪を捨て詐偽を避けて、その真正に本づく。

真正法⑨ちからあり。⑩未来際を尽くして諸の苦因を離る。乃至諸仏の⑪智慧光明、この戒の中より現ずるなり。

【現代語訳】

菩薩の修行を積んで悟りに至る者は、多くの場合、人々を導く宿縁をもって生まれているものである。福徳と智慧（六波羅蜜）を等しく修行して成就し、自己も衆生もともに利益を得る（自利利他）のである。ある者は善知識に会い、またある者は自己の心を明らかに知って教義の邪正を知り、ものごとの真偽をはっきりと見分ける。そのような修行者のもとに人々は必ず従うものである。すると世界中のみなが邪を捨てて偽らず、真実の仏法、つまり正法を拠り所とすることになるのである。

真の正法は力があるものである。遠い未来まで苦の因となる邪見を離れる。また、諸仏の智慧の光はこの不邪見の戒より現われるのである。

【注】

①**菩薩種**　菩薩種姓。菩薩の修行を積んで、必ず悟りに到達できる者。②**宿縁**　過去世につくった因縁。③**福智**　福徳と智慧。具体的には、菩薩が涅槃に至るまでに修する徳目である六波羅蜜（布施・持戒・忍辱・精進・禅定・智慧）。④**自他ともに利益**　自利利他。自と他を共に利益し満足させること。⑤**善知識**　正しい道に導く人。⑥**内鑑**　自己の内（心）を鑑（かんが）みる（鏡や水に照らして見る）こと。⑦**上の～**　『論語』（顔淵）に、「子（季康子＝春秋時代の大夫）、欲（スレバ）レ善（ヲ）而民善（ナラン）矣。君子之徳（ハ）風也。小人（ノ）之徳（ハ）草也。草上（くわウレバこれニ）二之風（ヲ）一必（ズ）偃（ふス）」（あなたが善くなろうとされ

るなら、人民もよくなります。君子の徳は風で、小人の徳は草です。草は風に当れば必ずなびきます)。**⑧卒土** 全土。世界中。**⑨ちからあり** 「世間の中に、業力最勝なり。智者も免るることなく、勇者も勝つことあたわぬなり。ただ法力のみありて、よくかの業を摧く。故に力ありというなり」(『人道随』)。法力とは不思議な力ではない。「邪を捨て詐偽を避ける」という正法の力。**⑩未来際を尽くし~**「業よく苦をまねく故に、これを苦因というなり。苦因ながく絶すれば、苦縁も随って滅するなり」(『人道随』)。「ながく絶す」とは、永遠にほろびる意。**⑪智慧光明** この智慧光明は「般若波羅蜜の義なり」(『人道随』)とある。光明は仏の智慧の象徴。

結語

結語—1

上来、略して①信受の功を記す。その②戒相の広きは大小乗経論の文の如し。およそ戒法は③持・犯・開・遮のしな、異にして一途ならず。しばらく一、二の例を挙げば、④優婆塞律儀に五戒を制す。妄語に次いで飲酒戒をたて、綺語・悪口・両舌を略す。この十善は、⑤口四つぶさに説きて、飲酒の制なし。⑥優波婆沙律儀に八戒を制す。⑦高広大床等をたてて、⑧意地の三戒を略す。

【現代語訳】

以上は、十善の教えを信じてたもつことの功徳を略記した。戒をたもつ行為をあげれば幅広く、詳細は大乗・小乗における経論に説かれている通りである。すべての戒には、持（たも）つこと、犯すこと、許されること、禁止されていることの四つがあり、一つの戒の中でも一様ではない。仮に一、二の例を挙げるならば、優婆塞（男性の在家信者）の戒では五戒（不殺生・不偸盗・不邪婬・不妄語・不飲酒）を制定している。これには妄語の次に飲酒戒を立てて、十善の綺語・悪口・両舌を略している。十善では細かく口業の四戒（妄語・綺語・悪口・両舌）を説いているが飲酒の禁制はない。また、八戒（八斎戒）では不坐高広大床（高く広いベッドに寝ない）などの戒を立てて、心に関する三戒（貪欲・瞋恚・邪見）も略されている。

【注】

①**信受**　仏法を信じ、教えをたもつこと。②**戒相**　戒を持（たも）つすがた。持戒と破戒との二つをあげて条文として具体的に示す。戒四別（戒法・戒体・戒行・戒相）の一。③**持・犯・開・遮**　「開」は行為の許可。「遮」は禁止。④**優婆塞律儀**　五戒（不殺生・不偸盗・不邪婬・不妄語・不飲酒）のこと。優婆塞とは男性の在家信者で近（ごん）

事とも。女性の在家信者は優婆夷で近事女。近とは、三宝に近づいて事えること。
⑤**口四**　妄語・綺語・悪口・両舌。　⑥**優波婆沙**　Ⓢupavāsa 近住。男女にかかわらず、半月に三日ずつ師のもとで八斎戒をたもつ者。なお、五戒は不邪婬、八斎戒は不婬。
⑦**高広大床等**　八斎戒は、五戒に不坐高広大床（高く広いベッドに寝ない）、不得香油塗身歌舞作楽故往観聴（装身化粧をやめ、歌舞を聴視しない）、不非時食（昼以後何も食べない）を加えた戒。　⑧**意地**　心のこと。「地」は、心がものごとの成立の根本であることから。

結語——2

①従上の賢聖この解あり。五戒は出離の道に順ず。②本を挙げて末を摂し、妄語の中に余の三戒ことごとくそなわるなり。
飲酒は③放逸の門を開けば、④少分もゆるさざるなり。十善は人たる道をあら

わす。本末別に開きて、口業に四戒をたつ。飲酒は世間にありて、あるいは礼式に用う。親族の交わり慶賀等に礼度みだれざる分斉は、その制ならず。もしは強飲をこのみ、もしは終日酒宴して夜に及び、終夜にして暁にいたり、もしは酔い伏して常度をたがう等は、不貪欲戒の制なり。

【現代語訳】

大迦葉尊者以後の賢人聖者によって次のように説かれている。すなわち五戒は涅槃に至る道に従うものである。その中で口業の根本である不妄語をあげておいて、その中に他の三つの戒（綺語・悪口・両舌）がすべて含まれる。

飲酒は、善悪を考えずに生活態度がだらしなくなるきっかけとなるので、少量でも許さない。十善とは人としての道を表わしたものである。そこではすべて個別にあげて、口業に四戒（妄語・綺語・悪口・両舌）を立てる。

飲酒は、世間ではときには礼式に用いる。親族の交わりや慶賀等において礼儀を乱すことがなければ規制しない。もし好んで多量の酒を飲み、また一日中酒盛りして夜に及び、明け方にまで至り、または酔い伏して普段とは変わってしまうことなどは、不貪欲戒として制するのである。

【注】

①**従上**　従来。従上の賢聖とは、大迦葉〜インドの諸聖〜中国の大徳〜日本の諸徳。「この解あり」と示される部分は、本書「結語―5」（二〇七頁）までの八斎戒の解釈をさす。②**本を挙げて〜**　妄語に綺語・悪口・両舌を含む理由を具体的にあげれば、「真実語は質直（しっちょく）（飾り気がなく正直）なれば、この中に綺語なし。真実語は麁獷（そこう）（あらあらしい）ならねば、この中に悪口なし。真実語は和順（おだやか）なれば、この中に両舌なし。ゆえに余の三をことごとく摂するなり」（『人道随』）と説明されている。③**放逸の門**　善を修め、悪をとどめることを怠ることの始まり。放逸とは、勝手気まま。『スッタニパータ』（三九八）に「飲酒を行なってはならぬ。この（不飲酒の）教えを喜ぶ在家者は、他人をして飲ませてもならぬ。他人が酒を飲む

のを容認してもならぬ。――これは終に人を狂酔せしめるものであると知って――」とある。**④少分も～** 飲酒を制する理由は、「この一戒は、上の四重（妄語・綺語・悪口・両舌）を護する辺に立つ。故に優婆塞戒（五戒）に制するなり」（『人道随』）とある。つまり、飲酒によって前の口業の四つを犯しやすいので、特に飲酒戒を立てるのであると。ただし、飲酒にも利があることは認める。『十法』（不綺語戒）に「飲酒も事に当りては少分の徳ある。喩えば一草一木の、みな能あり毒ある如くじゃ」とある。

結語―3

八斎戒は日を局し夜を限りて、①分に出家の行に順じ、ただ法を以て楽とす。②糸竹みな禁じ、③見聞ともに犯なり。この十善は、世をおさめ民を救う。尊貴に処する道にして、④独善逸居の趣にあらず。この故に⑤淫声を禁じて⑥雅楽を開し、見聞を許して自作(じさ)⑦を制するなり。香油塗身(こうゆずしん)、非時食(ひじじき)、高広大床(こうこうだいしょう)等、みな準じ知るべし。

【現代語訳】

八斎戒は一日一夜に限って、その限られた期間は、出家者の修行と同じように、釈尊が説かれた真実の法にしたがって身を置くことを楽しみとする。音楽を演奏することを禁じ、見聞することもこの戒を犯すことになる。十善戒は世の中を治め、人民を救う道である。きわめて尊い日々の生活の道であり、独善的に俗世間から離れて暮らすことではない。それで、十善では下品な音楽は禁止するが正統な音楽ならば許し、また、見聞は許すが、みずから演奏することを禁じるのである。体に香水や油を塗ったり、正午過ぎてから食事をしないこと、高く広いベッドに寝ないなど、すべて以上を基準にして知るべきである（要するに、八斎戒で禁じることも、十善は広く世間に通じる道であるから、これを許すのである）。

【注】

①**分に**　くぎり。毎月の八日・十四日・十五日・二十三日・二十九日・三十日に限って行う。②**糸竹**　糸と竹の楽器。『十法』には「絲竹管絃」とある。③**見聞**　ここでは歌舞音曲を見聞すること。④**独善逸居**　独善＝独りよがり。逸居＝気楽に遊び暮すこと。『十法』（不殺生戒）に、解脱の境涯を説く場面で、「迥然(けいねん)として独脱(どくだつ)するというも、天の天外に往き去ることではない。地の地外へ没(もつ)し去ることではない。独善逸居して、世に異なることではない」とある。つまり、独りだけ善行を修するということではなく、十善とは人間社会全体のことなのである。すべての人が人となる道である。⑤**淫声**　みだらで品のない音楽。⑥**雅楽**　正しい音楽のことを総称していう。⑦**自作**　自分で演奏すること。

結語―4

①身口の七支は外を守りて②内を正す。城を高くし③壍を深くして外敵を④拒ぐ如し。⑤意業の三支は内より外に及ぼす。⑥南面垂拱して⑦四夷賓服するが如し。かの中には貪を盗に摂し、瞋を殺に摂す。すでに⑧生死の恐るべきを知り、正法の信ずべきに達し、身⑨七衆の中に居すれば、不邪見は所論ならざるなり。

【現代語訳】

身業と口業の七つ（殺生・偸盗・邪婬＝身三、妄語・綺語・悪口・両舌＝口四。身三口四で七つ）は外（身体的行為）が戒を犯さないように制しながら、内（心）を正していく。それは城壁を高くして堀を深くし、外敵が近づかないようにするようなものである。意業の三つ（貪欲・瞋恚・邪見）は、逆に内（心）より外（身体）に及ぼすのである。それはあたかも君主が何もしないでただ座っているだけで四方の国が従うようなものである。
（八斎戒の中に、貪・瞋・痴がないのは、如何なる理由であるかといえば）意業の三支は、貪欲を偸盗に含め、瞋恚を殺生に含めるからだ。すでに生まれ変わり死に変わりする輪廻の恐ろしいことを知り、正法は信ずべきものであるという境涯に達し、その上この身が七衆の中にあるならば、不邪見は論ずるに足りないのである。

【注】

①**身口の七支**　身業口業の七支。身三口四。支は支分で部分の意。②**守り**　反しないようにする。③**塹**＝堀。城を巡る水。④**拒ぐ**　寄せ付けないようにすること。⑤**意業**　貪欲・瞋恚・邪見。⑥**南面垂拱**　南面（中国で、天子は南に面して臣下に対面したところから）君主の位につくこと。垂拱（衣の袖を垂れ、手をこまぬく意から）何もしないでいること。⑦**四夷賓服**　四夷＝四方の未開の国（東夷・北狄・西戎・南蛮）。賓服＝来て従うこと。⑧**生死**　生と死をくり返す迷いの世界。⑨**七衆**　比丘・比丘尼・式叉摩那・沙弥・沙弥尼・優婆塞・優婆夷。

結語──5

この中には、良家(りょうか)も①頑民(がんみん)も漏(も)らさずして②化育(かいく)す。徳を後代(こうだい)にしき、③命(めい)を海外に伝う。外は殺を禁じて、内もまた瞋を止めしめ、世の盗賊を罸(ばっ)して、④通人(つうにん)にも貪欲の恥づべきを知らしむ。身(み)に⑤非威儀(ひいぎ)を離れ、心相もまた浄信に任せしめ、深山(みやま)のおく浦々(うらうら)の果てまで、みな⑥淳善賢聖(じゅんぜんげんじょう)の風(ふう)たらしむるなり。元来⑦二法なれけれども、主(しゅ)とするところ別なりといえり。

【現代語訳】

この十善は、良家の人も道理をわきまえない人（愚人）も、漏らさずに養い育てる。徳を後の世に行き渡らせ、仏のいましめを外国にまで伝える。外（身）で殺生を禁じ、内（心）は瞋恚を止めさせ、世の中の盗賊を罰し、ものごとによく精通している人にも貪欲は恥ずべきことであると知らしめる。戒に反した行いをせず、心も清らかな信心をたもち、山の奥深く、海の果てまで、すべての人々を清らかな善人である賢人聖者に育てるのである。本来、外（身）と内（心）の二つは一体のものであるが、どちらかが主体となってはたらくものである。

【注】

①**頑民**　頑迷な民。道理をわきまえない人。②**化育**　養い育てる。もとは、天地自然が万物をつくり育てること。③**命**　のり、いましめ。④**通人**　世情をよく知る人。知識人。⑤**非威儀**　立ち居振る舞いが戒にかなわないこと。⑥**淳善**　素直・純朴で善であること。⑦**二法**　外（身）と内（心）の二法。

結語――6

また経中に、「①在家（ざいけ）の菩薩あるいは五戒の句を受持（じゅじ）す。②時方（じほう）に随順（ずいじゅん）して、自在に摂取し、舞伎[3]等種々の芸処を示現[4]し、衆生を摂取[5]す。いわゆる四重禁[6]と不邪見戒なり」といえり。これは綺語・悪口・両舌の如きは、出没時にしたがう趣なり。
仏在世に、般遮翼[7]が琉璃琴[8]を弾じて跋陀女[9]をもとむる。世尊その妙偈を嘆じたまう。滅後に、馬鳴[10]菩薩和羅伎[11]を製して苦空[12]の趣を寓す。僧伽斯那[13]羅漢、癡華鬘[14]を結びて修多羅[15]となす等、みな維法[16]の聖儀[17]なり。

【現代語訳】

また経典（『大日経』）の中に、「在家の菩薩が五戒の句をたもって、時と処にしたがって思いのままに取り入れ、舞踊や音楽などの芸を表現しながら衆生を救っていく。それはいわゆる四重禁と不邪見戒による」とある。これは、綺語・悪口・両舌は、時と場合によって対応せよということである。
（『阿含経』によると）釈尊在世のときに、音楽神である般遮翼が瑠璃の琴を弾いて跋陀女(ばつだにょ)の心を引いた。釈尊がその妙なる偈を聴かれて褒(ほ)めたたえたという。釈尊の滅後に、馬鳴菩薩が和羅伎という曲を作って、この世界は苦であり、一切は実体がなく空であることの趣を歌にこと寄せた。

僧伽斯那羅漢が、児童の言葉を集めて経典にしたなど、みな釈尊の教法を表現した尊い形である。

【注】

①**在家の～**　『大日経』（受方便学処品）。『大日経』の原文には菩薩の戒について説かれている。菩薩には在家の菩薩と出家の菩薩があり、在家の菩薩は五戒を受持すると説く。『人道随』に「出家人は必ず十善を全くすべきなれば在家の菩薩というなり」とある。②**時方**　「時とは、時の宜きを知るなり。方とは、処の相応を知るなり」（『人道随』）とある。③**舞伎**　舞＝舞踊。伎＝伎芸＝美術、工芸、手仕事などの技術、わざ。また、歌舞音曲などの芸能のわざ。④**示現**　仏・菩薩が衆生を教化するために種々のすがたを示して現われること。⑤**摂取**　仏が衆生を救い取る

こと。救済しようとすること。**⑥四重禁**　ここに尊者は「四重禁と不邪見戒」とされているが、『大日経』（受方便学処品）の原文を引くと「不奪生命戒、及び不与取、虚妄語、欲邪行、邪見等を持（たも）つなり。これを在家の五戒の句と名づく」とある。即ち名称は異なるが不殺生戒、不偸盗戒、不妄語戒、不邪婬戒、不邪見戒を五戒としている。このうち、不邪見戒を除いた四戒を四重禁と尊者は記したのである。四重禁とは四波羅夷ともいい、比丘の重罪。それで尊者のこの四重禁とは殺・盗・婬・妄という従来の比丘の戒をさすものであるが、密教では四重禁とは「正法を捨てないこと、菩提心を捨てないこと、真理の教えを伝えることを惜しまないこと、衆生の不利益になるような行為はしないこと」と『大日経』（同）に示されている。これは密教独特の戒である三昧耶戒の戒相である。三昧耶（samaya）とは、平等・本誓・除障・驚覚の意。**⑦般遮翼**　パンチャシカの音写。音楽神ガンダルヴァの名。帝釈天の音楽をつかさどる。**⑧琉璃琴**　瑠璃の琴。**⑨跋陀女（ばつだにょ）**　跋陀はバドラーの音写。摩訶波闍波提（まかはじゃはだい）（釈尊の母である摩耶（まや）夫人の妹で、摩耶夫人の死後太子を養育した）と共に出家した。この縁由は、般遮翼が美女の跋陀女に偈を作って懐（おもい）を寄せた。後に瑠璃琴を弾いてこの偈をうたったところ、釈尊が定より出てほめたという。

⑩**馬鳴菩薩**　西紀一、二世紀ころ、中インド舎衛国（しゃえいこく）出身。外道を学び、のち脇尊者（きょうそんじゃ）に会い仏教に帰す。文学・音楽に通ず。⑪**和羅伎**　頼吒和羅（らいたわら）（rāṣṭrapāla）という曲。これはもと比丘の名で、その経緯は『頼吒和羅経』に説かれている。無常の音調で悲痛、ために五百の王子が出家したという（馬鳴菩薩伝）。馬鳴の箏を聞いた人が、みな発心出家したという話は、わが国の説話文学では『教訓抄』に見える。源信の『往生要集』（上）にも偈文を引く。『十法』（不綺語戒）にも、「世人、この声韻に感じて苦・空・無我を覚り、無漏道の因縁になりしとある。これ等によりて見れば、舞楽・声韻のなかに聖賢の地位にも至るべきじゃ」とある。⑫**苦空**　この世界は苦であり、現象は実体なく空であること。⑬**僧伽斯那羅漢**　サンガセーナ（samghasena）。五世紀ころ、インド仏教説話経典である『百喩経』の著者。⑭**癡華鬘**　『百喩経』の別名。無知の児童の言葉を列ねて仏語を寓して花環をつくる、の意。⑮**修多羅**　経。スートラ（sūtra）の音写。⑯**維法**　ブッダの教法。維と法は共に「のり」の意。⑰**聖儀**　神聖なよそおい、かたち。尊儀。

結語―7

大抵(たいてい)は、「①今の楽は古の楽(がく)の如し」というも可なり。もしは②小臣(しょうしん)・弄臣(ろうしん)、③侍(じ)女(にょ)・小婢(しょうひ)の列(れつ)にありては、綺語に随順するも可なり。④四民(しみん)のほか⑤遊民の類は、俳優(はいゆう)・伎楽(ぎがく)・雑芸(ざつげい)を掌(つかさど)りて、他の歓笑(かんしょう)をもよおすもまた可なり。罪悪を呵(か)するに時ありて悪口(あっく)を用うる等、みな無しというべからず。

また猟者(りょうしゃ)の夜間の戒をたもち、⑥婬女(いんにょ)、昼分(ちゅうぶん)の善をまもるも、その徳ありといえり。これ等の⑦開縁(かいえん)も、仰いで⑧聖誥(しょうこう)に順ずべし。凡庸(ぼんよう)の徒(と)、みだりに経論を取捨(しゅしゃ)するは⑨法滅(ほうめつ)の相なり。

戒律厳重(げんじゅう)にして⑩規度濫託(きたくらんたく)なし。在世(ざいせ)の弥勒(みろく)・文殊(もんじゅ)も、一辞(いちじ)を⑪賛(さん)ずることあたわず。⑫迦葉(かしょう)・舎利弗(しゃりほつ)もただ⑬祗奉(じぶ)を知るといえり。

【現代語訳】

たいていは、音楽の楽しみ方においては「今の音楽は昔の音楽と同じ」といってもよい。あるいは、身分の低い家臣や君主が寵愛する家臣、また傍に仕える女性や家事や身の回りの世話をする女性ならば綺語を使ってもよいであろう。士・農・工・商の四民のほか、一定の職業に就いていない者は、役者、音楽、その他さまざまな芸事を仕事として、人々を楽しく笑わせることもよい。罪悪の行為を呵る時に悪口を用いるなど決してしてはならないということではない。

また、猟をする者が夜間では戒をたもち、遊女が昼には善行を行うことも、徳があるというものである。これらの人々に仏縁を結ばせることも、敬意をもって釈尊の教えの通りにすべきである。凡人が軽率に経論を取捨選択して用いるのは、仏法が消滅するすがたである。戒律は厳格で規律が乱れることはない。釈尊在世のときの弥勒や文殊も、これに一言も加えることはできない。迦葉、舎利弗も、ただ慎みうやまうことを知るのみということである。

【注】

①今の楽は～ 「今之楽、由（猶）古之楽也（『孟子』・梁恵王下）（今の音楽は昔の音楽と同じである）。 **②小臣・弄臣** 身分の低い臣下、君主のなぐさみものとなる臣下。 **③侍女・小婢** 侍女＝そばに仕える女性。小婢＝下働きの女性。ともに家事や身の回りの世話をする女性。 **④四民** 士・農・工・商。 **⑤遊民** 一定の職業に就かないで生活している者。 **⑥婬女** 遊女。 **⑦開縁** 仏縁を開き結ばせること。 **⑧聖誥** 仏の教え。誥＝つげる。 **⑨法滅** 仏法が滅すること。 **⑩規度** 規度＝手本。度は、はかる。のり。 **濫託** 濫託＝濫＝みだれ。託＝まかせる。依る。 **⑪賛** たすける。力を添える。明らかにする。 **⑫迦葉・舎利弗** 釈尊の十大弟子の二人。 **⑬祇奉** つつしみ敬うこと。これを『人道随』に詳説して「余経は、あるいは菩薩に付して説かしめ、あるいは声聞に付して説かしめ、およそ諸天八部の説も、仏の印可を受くれば、みな聖教となるなり。律の法はこれに異なり。ただ大聖世尊のみ法度を定めたまう。大弟子たる弥勒菩薩、文殊菩薩、迦葉尊者、舎利弗尊者のたぐいも、ただ信受奉行するのみといえり」とある。

後記（原漢文）

①十善略記、名づけて『人となる道』と為す。この中、文々句々、②先師大和上の授くるところなり。先師またいわく、「これを③従上賢聖に受けて、敢えて④片言隻辞をも増減せず」と。⑤愚小子、⑥丱髫俗を出て、幸いに浄持戒の師に遇い、常に膝下に侍して親しく⑦誡勗を受く。滅後三十年、慈顔目に存し、法言耳に在り。ここに安永初年、⑧緇素⑨慇懃の需に応じて、記して以てこれを二三⑩子の手に授く。その文辞の拙なるが如きは、すなわち看ん者、予の不才を知らんという。

⑪天明改元夏再校　　小比丘慈雲敬拝識

【現代語訳】

『十善法語』の略記を名づけて『人となる道』とする。この中、一文一句、先師（貞紀）大和上が授けられたものである。また先師が申されたことに、「これを迦葉以来の賢聖より受けて、敢えて一言も増減しておらぬ」と。愚凡なわたくしは幼少のころに俗世を出て、幸いに清らかに戒をたもつ師に遇い、常にそのお膝元に仕えて親しく誡めやはげましを受けた。今、遷化（一七五〇）の後三十年を過ぎても、慈顔が瞼に浮かび、ご教戒の言葉が耳に残っている。ここに安永初年、僧俗の人たちの丁重な求めに応じて、書き記して二、三人の手に授ける。その文が拙いことは、これを読む者が私の不才を知るであろう。

天明改元夏再校　小比丘慈雲敬拝して識す

【注】

①**十善略記**　『十善法語』（全十二巻）を略して記したということ。②**先師**　師である忍綱貞紀（一六七一～一七五〇）。尊者は父の遺命によって十三歳（一七三〇）

で出家。③**従上賢聖**　迦葉尊者以来、相承された諸師をさす。④**片言隻辞**　わずかな言葉。ひとこと。⑤**愚小子**　愚かなわたくし。へりくだっていう語。⑥**丱髫**　幼童。幼少。あげまき（髪を左右に分けて簪（かんざし）などでまとめた髪）と垂れ髪。幼児の結いあげないで垂れ下げた髪で、女性や小児の髪形のこと。⑦**誡勗**　いましめはげますこと。勗＝はげます。つとめる。⑧**緇素**　僧俗。仏者と在家人。緇は衣服の黒（厳密には紫を帯びた黒色）。緇衣（しえ）。素は白。白は在家の服の色。僧俗という意。⑨**慇懃**　ねんごろ。真心がこもっていて、礼儀正しいこと。慇も懃も＝ねんごろ。ていねい。⑩**子**　おとこ。男子の敬称。⑪**天明改元夏再校**　一七八一年。尊者六十四歳。ここに再校とあるのは、安永初年撰の『十善戒御法語』を再び校訂して『人となる道』としたということ。

あとがき

本書は『人となる道』初編と名付けられた一編をテキストとしています。著述の発端は、『十善法語』が大部であるために、略本を希望する人が多かったためと記されています。これに続くものとして第二編、第三編が著わされており、『慈雲尊者全集』十三巻にすべて収められています。また、本書の【注】においてしばしば引用しております『人となる道随行記』は、尊者による初編のみの解説書となっています。

第二編では不邪淫と不妄語の二戒が欠けていて全体の形体が判明しませんが、一部に『日本書紀』からの引用があることから、尊者七十歳以降に取り掛かられたものです。初編の末尾には「天明改元」（尊者六十四歳）とありましたので、およそ五年を経過しての続編と推定されます。

また、第三編は大部分が『日本書紀』神代巻からの引用で、尊者の神道説（雲伝神道）を学ぶ上で大切な資料です。その巻末には「寛政四年」（七十五歳）とありますので、第二編よりもさらに五年を経ての著作となります。

以上のように、晩年にしたがって仏法から神道へと伸展していくのですが、最終的には神・儒・仏の三教が融会した境涯へと深まります。その究極に達した境涯は『金剛般若経講解』（八十三歳）で語られることとなります。それと共に、晩年まで講義のテキストとして用いられた『人となる道略語』も重要で、その注釈である『雙龍大和上垂示』の中にも神道についての独自の見解が多くみられます。

仏教は、長い歴史を経たものとして、私たちの日常の思考や生活習慣の基盤になっています。しかしながら日本人としての天与の性質は、神道を学んで初めて自覚できることも多いのではないでしょうか。少なくとも慈雲尊者の教義は、私たち日本人の原点と、人間としての万国共通の本性とを併せて考察する上で、大きな遺産であると考えられます。

最後になりましたが、本書の出版までには多くの方々からご尽力を賜りました。第一の機縁は円福僧堂（京都府八幡市）における『人となる道』の講義です。政道徳門老師にはこの度も絶大なご助力をいただきました。この講義の後、私が聴講の方々にお渡ししていた資料をまとめておきたいというお話をいただきました。それをまとめているうちに内容が膨らんでまいりましたので京都の松籟社の夏目裕介氏と中島宗山師が校正をしてくださいました。それを大法輪閣の石原俊道社長が出版を快くお受けくださいました。以上のような次第ですから、聴講に参加してくださった方々や、僧堂の雲水さんたちを含めますと、実に大勢の方々にお力を頂いたのです。ここに心より感謝の意を表します。

二〇二四年十月二日

糸島市・如是庵にて

小金丸泰仙

小金丸　泰仙（こがねまる　たいせん）

1955年福岡市生まれ。高野山大学文学部密教学科卒。同大学院仏教学科修了。1975年出家。1985年より慈雲尊者の法語の講義と併せて書の指導を行う。宗派を超えた顕密統合の仏教を目指す。不伝塾主宰。現在、福岡県糸島市如是庵在住。

［主要著書］
『慈雲尊者に学ぶ正法眼蔵』（大法輪閣）、2009年
『十善法語【改訂版】』（大法輪閣）、2018年
『慈雲尊者の十善法語を読む』（大法輪閣）、2020年
『慈雲尊者の仏法』（NHK出版）、2020年
などがある。

慈雲尊者
人となる道 —現代語訳と注解—

2024年12月12日　初版第1刷発行

著　者　小金丸　泰仙
発行人　石原　俊道
印　刷　亜細亜印刷株式会社
製　本　東京美術紙工協業組合
発行所　有限会社　大法輪閣
〒150-0022 東京都渋谷区恵比寿南2-16-6-202
TEL 03－5724－3375（代表）
振替 00160－9－487196番
http://www.daihorin-kaku.com

　ISBN978-4-8046-1452-6　C0015